AF589984

MADAME MICHELET

LA MORT

ET

LES FUNÉRAILLES

DE

MICHELET

« Aimer les morts c'est une immortalité. »

MORT ET ENTERREMENT A HYERES

JUGEMENT. — EXHUMATION. — RETOUR. — RÉPARATION. — FUNÉRAILLES.

DÉPUTATIONS. — ADRESSES. — DISCOURS

QUELQUES PAGES INÉDITES DE MICHELET SUR LE CULTE DES TOMBEAUX

SA PENSÉE SUR LES CIMETIERES. — SES DERNIÈRES PAROLES.

PARIS

SANDOZ ET FISCHBACHER, ÉDITEURS

33, RUE DE SEINE, 33

1876

LA MORT

ET

LES FUNÉRAILLES

DE

MICHELET

Paris. — Typographie Georges Chamerot, rue des Saints-Pères, 19.

MADAME MICHELET

LA MORT

ET

LES FUNÉRAILLES

DE

MICHELET

« Aimer les morts c'est une immortalité. »

MORT ET ENTERREMENT A HYÈRES
JUGEMENT. — EXHUMATION. — RETOUR. — RÉPARATION. — FUNÉRAILLES.
DÉPUTATIONS. — ADRESSES. — DISCOURS
QUELQUES PAGES INÉDITES DE MICHELET SUR LE CULTE DES TOMBEAUX
SA PENSÉE SUR LES CIMETIÈRES. — SES DERNIÈRES PAROLES.

PARIS
SANDOZ ET FISCHBACHER, ÉDITEURS
33, RUE DE SEINE, 33

1876

LA MORT

ET

LES FUNÉRAILLES

DE

MICHELET

I

LA MORT ET L'ENTERREMENT A HYÈRES.

> « Rester le plus longtemps possible dans la lumière avant de descendre dans les ténèbres. »
>
> J. MICHELET [1].

Le 9 février 1874, à midi, après sept jours d'une agonie patiente et résignée, mon mari rendait le dernier soupir.

Trois jours avant sa mort, il me renouvelait, d'une voix défaillante, le vœu suprême que tant de fois il avait exprimé, et que, dix ans auparavant, il formulait ainsi :

« Quel mot le plus souvent dit le mourant près « d'expirer? De la lumière! encore plus de lumière! »

Ce vœu doit être rempli, obéi. Qu'il serait dur, cruel, dénaturé, pour réponse à ce mot, de lui donner le cachot du sépulcre et l'horreur de la nuit! C'est tout

[1] Paroles du 7 février 1874, au moment où ses yeux se fermèrent pour toujours.

ce qu'il craignait. La mort, pour la plupart, est moins dure que l'exclusion de la lumière.

« Il ne faut pas que les vivants disent hypocritement : « Mais c'est par honneur qu'on l'enfouit, qu'on « le cache dans les ténèbres..... » Oh! non, non, ceux qui vraiment aiment n'ont pas l'impatience d'un si cruel arrachement. L'amour ne peut croire à la mort. Longtemps, longtemps après, il a toujours des doutes. Il dit toujours : Si c'était faux[1]! »

Il avait dit encore en acquiesçant à la mort :

« L'air! oui pour la sépulture.

« La terre? oui.

« Le feu? oui.

« La bière? non[2]. »

Qu'eût-il voulu? Les funérailles de l'Orient « où l'on « ne cache point l'être aimé, où on ne le bannit point « du jour, où l'on place le mort sur une pierre élevée. « par-devant la lumière. »

S'il était impossible de lui donner ces funérailles de l'Orient, ne pouvais-je du moins, comme il l'a fait, garder et veiller celui que je venais de perdre, trois jours et trois nuits, lui épargner le plus longtemps possible la prison du cercueil, qui tant de fois l'avait troublé par l'idée d'étouffement, comme s'il eût prévu d'où lui viendrait la mort, de l'air qui tout à coup a manqué à son cœur?

C'était un devoir pour moi de rester à Hyères pendant qu'on préparerait, à Paris, le lieu de sa sépulture.

[1] *Bible de l'humanité*, p. 103.

[2] Papiers intimes.

Il y fallait du temps, les registres qui affirmaient nos titres de propriété au Père-Lachaise ayant été détruits.

Un avis que je reçus de Paris mit fin à toute hésitation. Mon mari était mort le 9. Le 11, une dépêche m'annonçait qu'on s'était présenté à notre domicile de la rue d'Assas, et que, par ordre de M. Dumesnil, l'ancien gendre de M. Michelet, on y avait apposé les scellés.

Si donc, et la chose était possible, supposable même, j'avais été en route avec le cercueil, mon mari n'eût eu qu'une gare de chemin de fer pour passer ici-bas sa dernière nuit.

Le jour de l'embaumement, ce fut un grand déchirement pour moi de remettre à d'autres mains, si respectueuses qu'elles fussent, ce pauvre corps si frêle que, la veille encore, je tenais dans les miennes, comme une mère y retient son enfant.

De la chambre voisine, où l'on me forçait de rester, je croyais entendre sa voix chérie et son appel incessant, toujours le même, depuis trois ans qu'il était malade : « Es-tu là ? » Malgré moi, j'allais épier, frissonnante.

Heures cruelles ! heures poignantes ! Et pourtant, heures douces ! comparées à tout ce qui devait suivre.

Le soir de son embaumement, il reposait sur son lit, calme et souriant. Sa bouche à jamais muette restait éloquente. A tous elle disait que la mort est une chose douce.

Et tous sentaient que c'était un juste, et ils joignaient les mains.

Lorsqu'il fallut l'ensevelir, j'éprouvai un triste bonheur à ne pas refermer sur lui la bière, mais à lui prolonger encore un consolant rayon.

Le 12, à midi, par un ciel admirable, nous le conduisions à la villa solitaire qui lui offrait au milieu de ses fleurs un abri d'un moment. — Assise à mi-côte, en face de la mer, la villa Rosa regardait aussi d'en haut la maison qu'hier encore nous habitions ensemble. La mort, pour nous, restait humaine; elle ne nous séparait pas tout à fait.

Et cependant, quand je rentrai dans mon appartement vide, effrayant de silence, quand, d'un regard profond, j'envisageai l'avenir, mon cœur se contracta violemment. — Je me sentis seule, à jamais séparée des siens, sans l'avoir mérité. Même notre maison de Paris, si pleine de lui, qui pouvait me le rendre encore, par eux m'était interdite.

Le 20 février, à neuf heures du matin, le juge de paix d'Hyères entrait chez moi et m'annonçait qu'il avait la pénible mission de faire apposer les scellés dans notre appartement, appartement meublé, où nous n'avions à nous que nos livres de travail et nos effets personnels.

Quatre hommes attendaient à la porte. Parmi eux était un agent d'affaires que M. Dumesnil envoyait à sa place. Il le chargeait de requérir cette apposition des scellés sur l'heure, et de lui ramener le corps de mon mari.

Avec moi, il ne devait avoir aucun ménagement. Je

n'en méritais pas. « J'avais tout laissé ignorer à la famille : la maladie, la mort, etc. » Et, comme par une ironie des choses, le portefeuille de l'agent laissait voir mes lettres, celles du notaire, les télégrammes... Donc, cet inconnu faisait prendre et entasser pêle-mêle dans des tiroirs les papiers de mon mari, même la page inachevée, qui était restée sur sa table et que je n'avais osé toucher, comme s'il eût dû rentrer tout à l'heure pour la finir.

Puis, malgré mes prières pour que la malle où je venais d'enfermer ses habits, tièdes encore de sa chaleur, ne fût pas rouverte de sitôt, mais envoyée à Paris *sous les scellés,* il en faisait tirer ces pauvres reliques, les faisait marquer à leur plus juste prix par un commissaire-priseur, et cela dans la chambre même où mon mari était mort.

M. Dumesnil, à Paris, n'ignorait rien. Il se faisait renseigner jour par jour, heure par heure. Il connaissait, par son mandataire, les dispositions du testament, et il n'était pas content du mort.

Il savait que, si les droits de ses enfants étaient respectés et même protégés, il était, lui, moralement déshérité.

Il savait aussi que la pension *toute personnelle* que mon mari lui faisait, depuis quelques années, ne lui serait pas continuée.

Il apprenait enfin qu'on avait mandé M. Celliez, l'un des exécuteurs testamentaires, pour la levée des scellés.

Cette exclusion, dont le frappait le testament, allait donc devenir publique par le retour du mort et de la veuve, par les funérailles qu'il ne conduirait pas? Il devait s'y opposer à tout prix. C'est alors que, s'armant d'une ligne du testament : « Je serai transporté au cimetière le plus voisin, » M. Dumesnil résolut de faire rester le corps à Hyères.

Pour mieux s'autoriser près de l'autorité locale, il se munit d'une lettre du subrogé-tuteur, M. Millet, et il partit secrètement.

A son arrivée à Hyères dans la soirée du 25, il se déroba, mais s'informa de tout plus amplement. Déjà les journaux lui avaient appris que le maire ami, M. Long, qui avait lui-même choisi la villa où reposait mon mari, et prononcé sur son cercueil les paroles d'adieu, avait été remplacé par un maire nouveau.

Il comptait obtenir de celui-ci l'ordre de faire transporter le corps au cimetière.

Aussi, le lendemain matin, avant même d'aller chez le notaire prendre lecture du testament et s'inspirer de son esprit, l'ancien gendre de M. Michelet, que ses actes encore plus que son second mariage nous rendaient étranger, m'écrivait cette lettre impérative :

« Madame,

« Après avoir pris connaissance tardivement et seulement par un mandataire, envoyé à Hyères à l'effet d'avoir communication du testament de M. Michelet ;

« Après avoir pris connaissance de la clause testamentaire : « Je serai transporté, etc. ;

« En ma qualité de tuteur de ma plus jeune fille, mineure, *après avoir pris l'avis de son subrogé-tuteur, M. Millet,* le plus proche parent de M. Michelet ;

« Et, d'autre part, me portant fort pour ma fille majeure, dont je remplis la volonté ;

« D'autre part, me portant fort pour mon fils absent, *tous trois seuls héritiers directs* de leur grand-père, M. Michelet ;

« Je viens requérir d'urgence l'exécution de la clause testamentaire, en faisant procéder à l'inhumation immédiate de M. Michelet à Hyères.

« A. Poullain-Dumesnil. »

Il m'était impossible de recevoir une pareille sommation sans protester.

Malheureusement, le président du tribunal de Toulon n'avait pas qualité pour trancher le fond d'un différend qui doit être jugé au domicile légal du défunt.

Il ne pouvait ordonner, par mesure d'urgence, qu'un simple « *dépôt provisoire* ».

C'était un devoir, pour nous tous, de nous conformer à son ordonnance. A Hyères, comme dans toutes les stations médicales où les étrangers viennent mourir en grand nombre, on a consacré à l'entrée du cimetière une chambre mortuaire où les morts attendent que la famille vienne les réclamer.

C'était là que le cercueil devait être déposé.

Mais, de ce jour seulement, la nouvelle autorité municipale s'apercevait que cette chambre mortuaire était en mauvais état. On me fit dire officieusement, pour me décourager, qu'il faudrait d'abord la réparer ; que cela me coûterait beaucoup...

J'offris le double de la dépense qui serait faite. Le corps étant embaumé, rien ne pressait, on avait tout le temps.

Le 28 février, qui était le lendemain de l'ordonnance, M. Celliez alla dès le matin, à ma prière, arrêter les réparations qu'on jugerait nécessaires. Il rencontra M. Dumesnil et son agent qui revenaient déjà du cimetière. M. Dumesnil s'esquiva. Son agent, plus à son aise, dit en ricanant : « Nous venons de lui *faire un trou de quatre vingts centimètres.* »

Ce même jour, à onze heures, M. Celliez recevait de M. Dumesnil une lettre ironiquement onctueuse. Par cette lettre, qui faisait appel à la concorde, il le chargeait de m'informer en même temps que l'enterrement allait avoir lieu, et que, pour satisfaire aux convenances, je devais y assister.

A midi, changeant de ton, il me sommait par assignation de lui livrer dans une heure le corps de mon mari. — L'huissier chargé de me lire cet ordre, comme on lit au condamné son arrêt de mort, pâle, défait, se soutenant à peine, balbutiant, ne pouvait trouver les mots. Il me fallut le rassurer, lui dire que je ne le rendais pas responsable de la formalité qu'il venait remplir.

A ce même moment, je recevais l'autorisation du gouvernement de ramener le corps. Ce que prétendait faire M. Dumesnil n'était donc pas possible. M. Celliez partit pour s'opposer à son dessein, et je demeurai seule.

Le temps était lugubre. Comme il arrive dans ces climats extrêmes, — la pluie tombait en déluge, — la terre disparaissait sous l'eau.

Malgré l'heure peu avancée, le ciel sombre et bas ne donnait qu'un jour morne. Personne dans les rues, toutes les portes fermées. On eût dit que la nature avait pitié, qu'elle s'associait à mon deuil, à mes protestations.

Une, deux, trois heures passèrent. Je tenais dans mes mains fiévreuses les clefs de la villa, et je croyais, à chaque rafale du vent qui ébranlait la porte, voir paraître l'autorité pour me les réclamer.

Il était quatre heures. Le jour tombait. Notre notaire entra.

« Que savez-vous ? lui dis-je. Que devient l'opposition de M. Celliez ? Quelle lenteur dans leurs délibérations ! »

Il me regarda fixement, comprit que je ne savais rien, se troubla. — Qu'est-ce ?... Qu'ont-ils fait ?... — Les trois portes de la villa ont été forcées, votre mari est depuis une heure dans une fosse.

Je n'eus ni un cri, ni une parole, et je n'en suis pas morte. Mais, depuis, je n'ai plus pu revivre !...

Si affreux que fût pour moi le récit de cet enlèvement, je voulus tout savoir ; je suppliais même, ceux qui hésitaient cherchaient à se taire.

Telle fut la fin :

A trois heures, les porteurs, lassés d'attendre dans

la rue devant la demeure du commissaire des pompes funèbres, se dispersaient, quand soudain l'agent d'affaires de M. Dumesnil les rallie avec emportement, les entraîne à la villa. On y arrive avec le commissaire de police, l'huissier et le serrurier. M. Dumesnil, qui suivait aussi, prenant l'attitude d'un homme qui accomplit un acte pieux, voulut entrer dans la villa, y donner des ordres.

« Arrêtez, Monsieur, lui dit impérieusement le commissaire ; restez dans la rue, vous voyez bien que je fais ici une exécution. »

La tempête continuait à souffler. Quand le serrurier eut enfoncé la grille extérieure et la porte d'entrée de la villa, le vent fit irruption en maître, et avec fracas ouvrit la porte de la chambre du rez-de-chaussée où se trouvait le cercueil. Là, dans l'ombre, il attendait, si noble, si grand dans le silence, que tous reculèrent. Personne n'osait y toucher. Il fallut que le commissaire ralliât ses hommes.

La pitié était au cœur de tous. Les femmes, qu'attirait à la fenêtre le pas saccadé des porteurs dans la rue déserte, se rejetaient en arrière. Quoi de plus lugubre, en effet, que cette bière emportée précipitamment dans la rafale au cimetière, et, pour tout convoi, quatre hommes : M. Dumesnil, l'agent, le commissaire et l'huissier !

L'exécuteur testamentaire n'avait pu rien empêcher. Le maire et le sous-préfet, de passage à Hyères, sollicités par M. Dumesnil, avaient déjà permis qu'il allât prendre le corps.

M. Celliez attendait devant la chambre réservée aux morts, pour exiger, au moins, que l'ordonnance du Président du tribunal de Toulon reçût son exécution ; que le corps, au lieu d'être mis dans la terre, fût *déposé dans cette chambre provisoirement.*

Tout fut inutile. M. Dumesnil, n'ayant devant lui qu'un cercueil, ne tint aucun compte de cette juste protestation.

Mais, pour empêcher qu'un procès-verbal ne fût dressé de la violation de l'ordonnance de référé, tandis qu'il enterrait le mort, son agent renvoyait l'huissier qui était venu jusqu'à l'entrée du cimetière ; il le faisait grimper sur un omnibus et simuler un départ pour Toulon. Une demi-heure après, on le voyait rentrer tranquillement chez lui.

De son côté, le commissaire de police, chargé de représenter l'autorité locale, avait refusé de prendre part à l'inhumation et s'était déjà retiré.

Le nouveau maire, M. de Gaillard, ne voulant pas assumer dans l'avenir la responsabilité de cet enterrement définitif, lui avait donné ordre de quitter le cercueil dès la porte du cimetière.

Que cette responsabilité retombe donc tout entière sur M. Dumesnil !

Il y avait de l'eau au fond de la fosse ; la terre dont on allait recouvrir la bière n'était plus que de la boue. Le pharmacien qui avait fait l'embaumement, M. Pécout, était là aussi pour protester, déclarer que le cercueil et le corps seraient ainsi bientôt détruits. M. Dumesnil affecta d'abord de partager cette sollicitude ; puis, tout à coup, il s'impatienta des retards, pressa les fossoyeurs : « Couvrez !... couvrez !... » Ceux-ci eurent pitié et cherchèrent quelques moyens de protéger le cercueil.

Le lendemain, quand j'allai au cimetière, on m'apprit que la fosse, — je ne puis dire la tombe, — avait été achetée, *non pas à temps*, ce qui eût été un semblant de respect pour l'ordonnance rendue par le tribunal, mais *à perpétuité*.

II

LES JUGEMENTS. — L'EXHUMATION. — LE RETOUR.

Le 11 août 1875, le tribunal civil de la Seine (première chambre) ordonnait que le corps de M. Michelet serait, par les soins de sa veuve, exhumé du cimetière d'Hyères et ramené à Paris.

Beaucoup m'ont demandé depuis pourquoi je n'avais pas exécuté plus tôt le jugement.

D'abord j'ai dû attendre quatre mois que la signification en fût faite aux héritiers, et que le délai d'appel qui leur était accordé par la loi fût expiré.

Ensuite est venue la question du cimetière. Le tribunal avait décidé que l'inhumation aurait lieu au Montparnasse, et l'administration, n'ayant plus de terrains, avait fait fermer ce cimetière. Je n'avais droit qu'au Père-Lachaise, où mon mari possédait des concessions à perpétuité. Il me fallait donc retourner devant les juges et leur démontrer que le jugement était devenu inexécutable.

Le 19 janvier 1876, le tribunal concluait dans le sens de l'administration, et désignait le cimetière de l'Est pour la sépulture définitive.

Tout était donc gagné ?... — Pas encore. — Il restait à faire construire le caveau. — Dans l'une de nos deux concessions est inhumé la première femme de M. Michelet. Il a consacré sa tombe par un monument. Son père et notre enfant reposent ensemble sur un autre point du cimetière.

Malgré l'opposition regrettable de la famille au retour de M. Michelet à Paris, je voulais rester fidèle à la pensée du testament, et faire élever un tombeau commun, où les petits-enfants viendraient reposer près de leur grand-père.

Mais, sur l'espace étroit d'une seule tombe, il était impossible de trouver place pour six personnes.

L'administration, qui s'est montrée toujours bienveillante, accordait en échange de nos deux concessions un terrain neutre qui permettait de s'étendre en largeur. Ainsi, celui qui avait tant aimé la lumière, ne serait pas obligé, pour faire place aux siens, de descendre dans la profondeur des ténèbres.

Avant de rien commencer, je prévenais de tout la famille, je l'invitais à me dire ce qu'elle entendait faire. J'ai attendu patiemment trois longues semaines. En retour de ce bon procédé, elle faisait me répondre « qu'elle ne répondrait rien ».

On peut juger combien de telles dispositions rendaient ma situation difficile. N'étant héritière que pour un *quart* dans la succession de mon mari, mon droit sur la sépulture était matériellement dans les mêmes proportions. Mes adversaires, ayant les trois quarts de la propriété, se sentaient les maîtres, et pouvaient à volonté me lier, m'entraver à chaque pas.

Mon devoir était d'affranchir mon mari, de lui reconquérir son indépendance. Pour cela, je n'avais qu'un moyen : acheter le terrain obtenu d'abord comme échange, l'avoir bien à moi, en *toute propriété*. Et cela m'a été accordé. Pour prix de mes souffrances, j'ai eu le triste bonheur d'assurer, à celui qui a tant fait pour les morts, la paix du tombeau.

Dès que le caveau a été prêt, je suis partie pour Hyères. De nombreux amis, les délégués de nos écoles et de la Roumanie, voulaient m'accompagner. J'ai préféré aller seule, sans bruit, ni vaine ostentation. Mon rôle était d'accomplir mon devoir en m'effaçant.

Cette réserve méritait, il semble, de la part du maire d'Hyères, quelques égards. M. de Gaillard, qui s'était trop facilement associé à l'enterrement sauvage que j'ai raconté, avait pris toutes ses informations ; il savait, du parquet de Paris, qu'un jugement avait condamné cette inhumation faite par ministère d'huissier, et m'avait désignée comme ayant seule le droit de faire exhumer le corps de M. Michelet, de le ramener à Paris.

Voici pourtant ce qu'il s'est permis de faire. En arrivant à Hyères, dans l'après-midi du 15 mai, je cours chez l'employé des pompes funèbres, auquel j'avais donné l'ordre de demander au préfet un permis d'exhumation. Ma lettre l'avertissait, en même temps, que je le préviendrais de l'heure de mon arrivée. Tout, jusque-là, se bornait à obtenir la permission du préfet. L'employé des pompes funèbres avait disparu ; mais sa femme, que ma vue troubla fort (je n'avais pas écrit de nouveau que j'arrivais), me dit que le cercueil était « déterré », qu'il allait partir dans une heure.— Il avait même été question, je l'ai su d'ailleurs, de l'envoyer à la gare de nuit.

En arrivant au cimetière, je trouvai la tombe bouleversée, la bière en avait été retirée depuis trois jours ; les porteurs attendaient l'ordre du départ, ainsi que la gendarmerie, en grande tenue de service, je veux dire toute armée.

Seulement, le maire, dans son zèle précipité, avait oublié de faire dresser le procès-verbal de l'exhumation. Le voici, tel que l'a rédigé sous mes yeux le commissaire de police :

« L'an mil huit cent soixante-seize, et le treize mai, à sept heures et demie du soir (*c'est-à-dire nuitamment*) ;

« Nous, Casimir Bert, commissaire de police à Hyères, officier de police judiciaire ;

« Agissant en vertu de l'autorisation de M. le préfet du Var, qui accorde le transport d'Hyères (Var) à Paris du corps de feu Jules Michelet, membre de l'Institut, lequel avait été inhumé à Hyères ;

« Nous nous sommes transporté au cimetière, où, en notre présence, le cercueil renfermant la dépouille mortelle de feu Jules Michelet a été exhumé et placé dans la chambre mortuaire du cimetière ;

« Nous avons remarqué que la caisse *dite d'emballage,* qui enveloppait le cercueil, était entièrement détruite par l'humidité, et que, le premier cercueil de plomb qui venait ensuite, s'étant disjoint, la bière trempait dans l'eau.

« Nous constatons que l'exhumation a été faite avant l'arrivée de Madame Michelet à Hyères, laquelle, par jugement du onze août mil huit cent soixante-quinze, devait accompagner le corps de son mari de cette dernière localité à Paris.

« En foi de quoi nous avons dressé le présent procès-verbal. »

« Bert. »

J'aurais pu regretter d'être venue seule, puisque ma réserve nous valait ce dernier outrage. Mais, dans l'accomplissement du devoir, je n'ai jamais éprouvé de défaillance. Si je ne pouvais rien contre un fait accompli, la violation de la sépulture, je saurais du moins empêcher une autorité haineuse de s'emparer du cercueil que m'avait confié la justice.

Le 16 mai, à six heures du soir, je quittais Hyères. La bière avait été placée dans une voiture fermée ; la mienne, qui suivait derrière, l'était également. Ceci, par respect pour le mort. Mais M. de Gaillard, qui tenait à faire croire aux populations des campagnes que nous étions deux condamnés, avait convoqué, comme la veille, la gendarmerie. Elle nous faisait escorte.

Telle est l'assistance qu'un maire *de l'ordre moral* a entendu donner à M. Michelet ; tel est l'abus qu'il a

fait de son pouvoir. En 1874, il viole l'ordonnance de référé en vendant à M. Dumesnil une concession à *perpétuité;* en 1876, il a hâte de congédier le mort, il fait violer la sépulture [1].

A Toulon, nous retrouvions la vraie France. Elle nous accueillait avec des fleurs et des couronnes. Tous les amis y étaient, et la Ville, et la Presse, et les Écoles. Tous voulaient donner à M. Michelet le dernier adieu.

Partout, sur la route, même empressement. On accourait pour saluer *son* passage. Que tant de villes amies, que Marseille, Arles et Mâcon reçoivent ici, en particulier, mes remercîments; qu'elles sachent bien que leurs couronnes sont aujourd'hui sur le cercueil même de celui qu'elles ont voulu honorer.

Le 17, à onze heures du soir, celui qui a dit : « Je suis né à Paris, j'y ai vécu, j'y serai enterré s'il plaît à Dieu, » y rentrait avec sa compagne.

Ce n'est pas à elle qu'il appartient de raconter les funérailles. Elles vont l'être par ceux qui les ont faites, par le peuple et la presse parisienne.

Qu'il me soit permis seulement de dire ce que j'ai désiré : qu'elles fussent un vrai symbole. Toute sa vie, il a enseigné. Les générations qui travaillent et qui

1. La bière a été exhumée le samedi 13, trois jours avant mon arrivée; mais déjà, dès le jeudi 11, un témoin a vu la tombe fouillée, et les plantes qui l'ornaient arrachées.

luttent pour l'avenir de la patrie ont été nourries de sa parole.

La jeunesse de nos écoles personnifie ce glorieux passé ; elle devait être au premier rang avec les nations qu'il a aimées et enseignées autant que la France. Les anciens disciples et les collègues y seraient aussi, pour raconter sa vie de labeur et la fécondité de ses travaux. Tout autre élément apporté à ses obsèques, en rompant leur unité, eût nui à la grandeur imposante de cette religieuse cérémonie.

Le cœur aussi, je l'avoue, a réclamé. Je tenais à ce qu'il revînt, au moins une heure, dans sa chère maison, qu'il la revît telle qu'il l'a laissée, et qu'il pût la bénir.

Chose douce encore, s'il partait de sa demeure, je pouvais lui faire suivre une dernière fois les quartiers modestes où s'est écoulée la plus grande partie de son existence, où il a fait tant de bien : le pauvre faubourg Saint-Marcel, la rue de la Roquette.....

Tout lui a été accordé. Le ciel aussi était pour lui ; il lui donnait son premier jour de printemps. Son rêve, ce qu'il demandait si souvent, que la fête des morts fût remise au mois où l'antiquité l'avait placée, au mois de mai, ce rêve s'est trouvé ainsi réalisé.

III

LA RÉPARATION. — LES FUNÉRAILLES.

« Le plus beau jour pour le mort, c'est celui de son enterrement; ses amis le suivent, jamais il ne se sentit plus aimé. »

« Les obsèques de Michelet ont eu le caractère que le peuple de Paris sait donner aux funérailles de ses hommes illustres. Elles ont été dignes du grand cœur et du noble génie que la France a perdu. En son austère et philosophique simplicité, lui-même les demandait modestes et sans éclat, car il n'était préoccupé que de se dérober à sa gloire. Mais la reconnaissance nationale ne pouvait se résigner à un tel effacement, ni à l'accomplissement de cette dernière volonté. Le sentiment public avait impérieusement besoin de se manifester comme il l'a fait hier, avec une dignité respectueuse, mais avec la profonde sympathie et l'admiration qui étaient dans toutes les âmes.

« On a vu dans cette circonstance un spectacle bien ouvant. L'Europe intellectuelle s'est associée à notre et des députations de la jeunesse studieuse de ays se sont mêlées à nous pour honorer publi- notre maître et notre ami. Que cette géné- se reçoive ici les remercîments fraternels des patriotes français, de tous les amis des libres études, de la démocratie et de la liberté.

« On sait avec quelle persévérante énergie Mme Michelet a plaidé pour le retour des cendres de son mari à Paris. Il n'a pas fallu moins de trois jugements successifs pour que la courageuse veuve obtînt gain de cause ; en dépit de regrettables tracasseries, elle a eu enfin la satisfaction de faire exécuter la volonté formelle manifestée par le mourant d'être enterré près des siens, au Père-Lachaise.

« Hier, mercredi, à dix heures et demie du soir, elle est arrivée avec le cercueil à la gare de Lyon, où l'attendait, avec son frère et quelques amis, le directeur des pompes funèbres, M. Vafflard. Il tenait à recevoir lui-même le modeste philosophe, à l'accompagner le lendemain jusqu'à sa dernière demeure.

« Toute la nuit, les télégrammes se sont succédé rue d'Assas, pour saluer l'arrivée du cercueil. A minuit, c'est l'Italie qui, par ses représentants, sénateurs, magistrats, députés, journalistes, s'associe à un deuil national :

« Rome, le 17 mai.

« MADAME VEUVE MICHELET.

(*Paris.*)

« Démocratie italienne, reconnaissante de aide puissante cher défunt a donnée à Italie et à démocratie universelle, s'associe à votre deuil et à celui de la France.

« G. Garibaldi ; Benedetto Cairoli ; Mauro Macchi ; Giuseppe Mazzoni ; Agostius Bertani ; Giuseppe Petroni ; Luizi Castellazzo ; Siro Java, presidente del Comitato centrale delle società operaie romane ; D. Narratone ; Onorato Meren, publicista ; Federico Zuccari, avocat ; Ulisse Bacci, publicista. »

« De son côté, M. Mancini, ministre de la justice, adresse à Mme Michelet la lettre suivante :

« Rome, 14 mai 1876.

« Madame,

« La jeunesse italienne a répondu à l'appel pieux que je lui avais fait en ma qualité de professeur, avant d'être appelé au ministère. Mon gendre, M. Pierantoni, professeur à l'Université de Naples, a réuni les étudiants de cette ville. Un comité d'artistes et de gens de lettres, à Paris, s'est chargé de représenter la jeunesse de nos écoles dans la cérémonie solennelle, d'en présenter les adresses et de déposer une couronne sur le cercueil vénéré.

« Je suis heureux d'apprendre que tout ce qu'il y a en France de noble et de libéral s'associera à un deuil, qui ne sera pas seulement national, mais humanitaire.

Votre dévouement et votre tendre fidélité au souvenir du grand homme sont bien dignes de lui.

« Agréez, chère Madame, l'assurance de mes sentiments d'amitié respectueuse et dévouée.

« F. Mancini. »

« A trois heures du matin, arrive un télégramme de Bucharest, qui pleure en Michelet le *citoyen* roumain :

« A Madame veuve Michelet.

(*Paris.*)

« La jeunesse roumaine de Bucharest, désirant exprimer ses sentiments de reconnaissance envers l'illustre Michelet, vous prie de faire lire sur sa tombe ces quelques mots :

« La France, sœur aînée de la Roumanie, a versé « son sang pour nous rendre la liberté et assurer « notre existence comme nation. Michelet, ce fils émi« nent et aimé de la France, a mis toute son âme et son « dévouement au service de la même cause.

« Notre reconnaissance et notre amour pour la « France seront éternels : éternelle aussi sera la mé« moire de celui à qui la Roumanie a accordé le titre « de *citoyen*. »

« Puis viennent les adresses des universités de Pise et de Pérouse, et l'annonce qu'une cérémonie funèbre sera célébrée à Rome, devant le buste de Michelet, voilé d'un crêpe de deuil, ombragé des drapeaux de l'Italie et de la France, au moment même où le cortége partira de la rue d'Assas.

« A neuf heures du matin, les délégations des facultés de Nancy et de Lille arrivent avec de splendides couronnes. Les étudiants d'Aix, qui n'ont pu venir, mais qui se feront représenter aux funérailles par leurs compatriotes présents à Paris, envoient le télégramme suivant :

« Les étudiants d'Aix renouvellent à Mme Michelet l'expression de leurs condoléances et de leur sympathie, en regrettant de ne pouvoir lui en donner, par leur présence, un plus éloquent témoignage. Le deuil de Mme Michelet est le nôtre ; c'est de plus un deuil national : car la France, que l'illustre mort a tant aimée, le lui rend bien ; la démocratie, qu'il a tant honorée et instruite, gardera l'impérissable souvenir de son enseignement et de son exemple. Puisse cet hommage public, auquel nous joignons respectueusement le nôtre, apporter quelque soulagement à l'affliction de la veuve qui fut associée à ses labeurs et qui doit être associée à sa gloire ! »

« De Nice, deux magnifiques palmes sont offertes par les dames roumaines ; de Bologne, une couronne de laurier, avec cette inscription sur un ruban noir frangé d'or :

« *Au traducteur de* Vico, *l'Université de Bologne.* »

« Il est à peine dix heures, les délégations des écoles parisiennes sont déjà à leur poste. Nous les voyons recevoir successivement les étudiants d'Arles, de Marseille, de Nîmes, Montpellier, Toulouse, Montauban, Nancy, Lille. Celles de Rome, Naples, Palerme, Bologne, Turin, les rejoignent bientôt, ainsi que la délégation roumaine. Après s'être fait présenter à Mme Michelet, elles se groupent dans la cour de la maison mortuaire.

« Cinquante commissaires, la boutonnière ornée d'un bouquet d'immortelles jaunes et rouges, avec rubans aux couleurs de la ville de Paris et crêpe noir, circulent au milieu de leurs camarades et les invitent au plus grand calme.

« L'affluence devient énorme, dans la maison et aux alentours. On se presse pour s'inscrire sur le registre, et tous, hommes célèbres, savants, députés, mêlés aux étudiants, parlent de Michelet et rappellent ses titres de gloire. Point de bruit, point d'impatience dans cette foule, qui grossit depuis neuf heures du matin. La circulation est interdite dans tout le périmètre : les rues d'Assas, Vavin, Bonaparte, de l'Abbé-de-l'Épée.

« A onze heures, le cercueil arrive. Il est en bois de chêne, portant sur le couvercle ces lignes authentiquées par le cachet du commissaire de police :

Dépouilles mortelles de Jules Michelet, membre de l'Institut, décédé à Hyères (Var), pour être transportées à Paris.

Signé : BERT.

Sur l'un des côtés cette autre inscription sur plaque de cuivre :

JULES MICHELET
DÉCÉDÉ A HYÈRES
LE 9 FÉVRIER 1874

« Un immense bouquet offert par des amis de Toulon est placé sur la bière, ainsi que des couronnes déposées en route et portant les inscriptions suivantes :

LES ÉCOLES DE LA VILLE DE TOULON.
LA DÉMOCRATIE MARSEILLAISE.
LA JEUNESSE RÉPUBLICAINE DE MARSEILLE.
LA DÉMOCRATIE ARLÉSIENNE.
A MICHELET, SES AMIS DE MACON.

« M. Armand Duportal, député de la Haute-Garonne, a voulu porter lui-même la couronne offerte par la démocratie de Toulouse.

« La veuve du grand historien a observé religieusement ses dernières volontés [1].

« Il sera enterré simplement, sans pompe et sans apparat.

« L'entrée de la maison de la rue d'Assas, 76, où il habitait un modeste appartement au troisième, est garnie d'une simple tenture avec petite frange d'argent. Au milieu de la draperie se détache sur un écusson l'initiale du défunt. Le char qui va contenir ses restes est un convoi de quatrième classe; — ni ornements,

[1] Mme Michelet exprime ici sa reconnaissance à la jeunesse des Écoles, aux amis de son mari, qui ont voulu acquitter le prix des funérailles. Elle demande que ce soin lui soit laissé, ainsi que l'entretien de la tombe qu'elle lui a si péniblement reconquise.

ni panaches ; seulement des couronnes et des fleurs.

« A midi précis, Mme Michelet est invitée à descendre. Elle monte avec Mme Rosetti, MM. Celliez et Quicherat dans la voiture de deuil qui suit le char funèbre.

« Immédiatement après, les députations sont appelées dans l'ordre suivant :

« 1° Le Collége de France ; 2° l'Institut ; 3° la députation des écoles italiennes ; 4° les étudiants roumains ; 5° l'École polonaise ; 6° l'École normale ; 7° les étudiants de Paris ; 8° l'École des beaux-arts ; 9° les délégués de Montauban ; 10° les délégués de la Faculté de théologie protestante de Montauban ; 11° ceux de Montpellier ; 12° ceux de Nancy ; 13° les délégués de Toulouse et de Lille.

« Les sénateurs, les députés, les conseillers municipaux viennent ensuite. Tout se passe dans un ordre, un calme admirables. M. Voisin, préfet de police, a eu raison d'abandonner courtoisement à Mme Michelet le soin de régler la distribution et la marche du cortége.

« Chaque délégation est à distance l'une de l'autre, et chacune d'elle est précédée par deux de ses membres portant une immense couronne.

« La Roumanie, comme Toulouse et Montauban, a choisi le *chêne ;* l'École normale, le *lierre ;* Nancy et Paris, la *pensée ;* l'École des beaux-arts, Aix et Montpellier, l'*immortelle.*

« Plusieurs des couronnes offertes par l'Italie ont été déposées avec les palmes des dames roumaines sur le cercueil. Sous cet amoncellement de fleurs, le char funèbre semble se préparer à une marche triomphale.

« Sur une large couronne de jais noir, entourée des rubans aux couleurs nationales, on lit cette inscription : *L'Italie à Michelet.* C'est la seule décoration dont s'en va paré le traducteur de *Vico.*

« C'est vraiment une fête antique, grandiose, émouvante. La nature veut en prendre sa part; un ciel radieux verse à flots cette lumière divine qu'il appelait dans son dernier soupir.

« La foule est innombrable. Elle se déroule sans houle ni rumeurs : l'ouvrier y coudoie l'étudiant, l'enfant y coudoie le vieillard, le savant l'homme politique.

« La presse parisienne et la presse étrangère y sont représentées : nous reconnaissons les correspondants du *Times,* du *Standard,* du *Daily News*, du *Daily Telegraph,* de la *Gazette de Francfort,* de la *Gazette de Cologne*, et de la *Nouvelle Presse libre*, de Vienne.

« Il semble que toutes les intelligences se soient donné rendez-vous autour de cet humble cercueil.

« Il y a là, à côté de l'élite d'aujourd'hui, l'élite de demain, auprès des maîtres les élèves qui seront un jour des maîtres aussi.

« Ils étaient là des milliers de jeunes gens, graves et sérieux, sachant qu'ils accomplissaient, en même temps qu'un acte de reconnaissance, un acte de réparation. Français ou Italiens, Espagnols ou Roumains, Polonais, peu importe la nationalité dans ce magnifique hommage rendu à l'un des plus ardents amis de l'humanité : tous étaient également pénétrés de ces purs sentiments d'admiration que seul fait naître le génie. Aussi nul ne se fût permis de troubler l'auguste sérénité de ces funérailles par des préoccupations étrangères, et jamais nous n'avons vu de manifestation plus imposante et plus calme.

« Michelet avait dû rêver d'être ainsi conduit jusqu'à sa dernière demeure ; car de semblables funérailles sont une fête de la vie plutôt qu'une cérémonie de la mort. Tout y est fait pour l'âme et la pensée qui sont immortelles. Non ! non! ce n'est point là mourir. Il vit dans l'enthousiasme de cette jeunesse qui lui faisait escorte, dans le respect de ces foules populaires qui se pressaient, en s'inclinant, sur son passage.

« L'Institut, les vieux amis, les collègues de l'illustre mort ont voulu, comme sa veuve, graver dans l'esprit de la jeunesse le souvenir de cette belle journée. Ils ont décidé, avec elle, que les cordons du poêle seraient tenus, d'abord, par les jeunes gens des délégations étrangères et françaises.

« MM. Cottrau, représentant des étudiants de Rome et de Naples; Rosetti, fils de l'ancien ministre de Roumanie; Leblanc, étudiant en médecine ; Brousse, étudiant en droit, les prennent au départ de la rue d'Assas; ils sont remplacés, à la Bastille, par MM. Lyon, élève de l'École normale; Lacroix, étudiant de Montauban; Henneguy, étudiant de Montpellier; Lemaire, de Nancy.

« Le cortége parcourt les nouveaux boulevards de Port-Royal, Saint-Marcel, Contrescarpe. Plusieurs escouades de gardiens de la paix, jugeant que leur présence est inutile, se retirent. Les commissaires choisis par les délégations suffisent pour régler la marche. Ils sont dirigés par M. Gabriel Monod. Après avoir écrit sur Michelet une biographie qui est un chef-d'œuvre, il a voulu s'unir aux écoles, les aider à donner aux funérailles leur solennité recueillie.

« Sur la place de la Bastille, plus de trois mille personnes attendent le convoi. Pas un cri, pas une rumeur ne monte de ce flot humain amoncelé. Les enfants mêmes retiennent leur voix; mais ils joignent leurs petites mains en signe d'admiration à la vue des couronnes. Les mères sont touchées aux larmes de cette belle jeunesse, qui marche tête nue, à la fois souriante et grave. Plus d'une y voudrait voir son fils.

« A deux heures, le convoi entre au Père-Lachaise. MM. Mignet, Bersot, Laboulaye, Havet, prennent à leur tour les cordons du poêle.

« Les délégués des étudiants d'Aix se joignent au cortége. Plus de dix mille personnes attendent dans l'intérieur du cimetière. Malgré cette énorme affluence, le bon ordre ne cesse de régner. Partout la foule s'aligne d'elle-même pour laisser passer le char funèbre qui monte lentement.

« La tombe où va être inhumé Michelet est située sur les hauteurs du Père-Lachaise. Il y sera non-seulement près des siens, mais dans la société de ses amis, de ses contemporains : Casimir Delavigne, Émile Souvestre, Charles Nodier, Balzac, Ledru-Rollin, Dorian, Belloc l'entourent. On dit que la veuve a tenu à cet emplacement pour que son mari fût aussi près des jeunes héros de Buzenval.

« Le char est arrivé; on descend le cercueil. Mme Michelet s'avance au bord de la tombe, suivie de Mme Rosetti; la Roumanie et la France sont unies dans un même deuil. »

Lorsque chaque délégué a déposé sa couronne, M. Bersot, membre de l'Institut, président de la section d'histoire et de morale, prend le premier la parole :

« Messieurs,

« L'Académie des sciences morales et politiques vient rendre à un de ses membres les plus illustres les devoirs qu'elle n'a pu lui rendre encore. M. Michelet avait été élu en 1838; il nous a appartenu pendant trente-six ans.

« Vous connaissez sa vie. Il est né en 1798, dans une pauvre famille d'ouvriers imprimeurs : « Je suis « né, dit-il, comme une herbe sans soleil entre deux « pavés de Paris. » Il travailla d'abord à l'atelier, puis, dans un moment, en 1813, où la famille vit périr ses dernières ressources, elle eut foi dans l'avenir de ce fils, qui fut envoyé pour faire ses études au collége Charlemagne. En 1819, il est reçu docteur ; en 1821, agrégé ; il est successivement suppléant au collége Charlemagne, professeur d'histoire à Sainte-Barbe, maître de conférences à l'École normale, de 1827 à 1838 ; pendant deux de ces années, de 1833 à 1835, suppléant de M. Guizot à la Sorbonne ; en 1838, professeur au Collége de France, suspendu, puis réintégré par la révolution de 1848. Depuis 1830, il était chef de la section historique aux Archives nationales ; en 1852, il refusa le serment et quitta tout, même ses chères Archives. Il a travaillé plus de cinquante ans et publié soixante volumes. Durant cette longue période, il a touché bien des sujets, marquant à chaque pas sa trace ; mais il n'a pas cessé un instant de penser à l'histoire ; même quand il semble jeté dans d'autres courants, il rappelle par quelque publication qu'il est toujours historien. Cette étude est le fond de sa vie et sa consolation. Quand il a perdu son père, il écrit pour lui-même cette note touchante : « Vieux, souffreteux, « maladif, je reprends la plume, je reviens à mon tra- « vail, je retourne à *mon histoire*, mon refuge habituel, « la Lemnos de ce Philoctète..... Cher antre, douces « fontaines, qui me fûtes si amères, recevez votre « blessé. »

« Par ses brillantes qualités d'historien, M. Michelet a exercé sur une infinité d'esprits un très-grand prestige, et pourtant on peut dire qu'il n'est tout à fait connu que de quelques-uns, qui cherchent ce que cachent les apparences. Il y a des hommes d'imagination hardie et de science légère qui, sur quelques faits, inventent l'histoire ; M. Michelet n'était point de ceux-là. Avant tout, il étudiait profondément, il amassait une prodigieuse information, il se plongeait dans les sources ; l'imagination ne venait qu'après, il est vrai singulièrement forte, et faisait vivre tout cela. Les notes qui accompagnaient ses livres et ce qu'on a trouvé depuis dans ses papiers montrent quelle conscience il apportait dans ses recherches, sur quelle science il s'appuyait ; il a élevé un monument considérable, mais, ce qui ne se voit pas, les fondations sont énormes. Ce mélange d'érudition et d'imagination également intenses est l'originalité de M. Michelet. Combien il aurait été intéressant de suivre la fermentation de son esprit dans cette poursuite des témoignages, surtout pendant les longues séances aux Archives nationales, où il semble qu'en touchant les documents anciens on touche la poussière des morts! Les textes l'enivraient. De là des illuminations de voyant, et, à côté, des illusions qui se reconnaissent et qui n'ôtent rien au vrai.

« S'il y avait dans ce savant une imagination de poëte, il y avait encore autre chose : une ardente sympathie, qui lui faisait ressentir les sentiments des générations dont il racontait l'histoire et l'identifiait réellement avec elles, comme s'il eût été un des leurs. L'imagination brille souvent d'un éclat un peu dur ; la sympathie échauffe : elle donne aux paroles et aux écrits un accent qui ne trompe pas. M. Michelet a cet accent.

« Quelles que soient les sources de son talent, ce talent était d'une singulière puissance ; où d'autres s'arrêtent devant certaines obscurités, il avait des percées lumineuses. Que de fortunes pareilles dans l'histoire de ce moyen âge dont la nuit devait le tenter ! Il s'est représenté avec une merveilleuse lucidité les idées, les sentiments, les mœurs de ces générations, leurs douleurs et leurs joies ; la condition des pauvres gens qui peinaient durement : les impôts, les pestes, les tyrannies locales, les levées d'hommes, les guerres lointaines, les guerres civiles, l'existence précaire ; puis aussi les fêtes qui faisaient oublier un moment la réalité, surtout les fêtes religieuses, qui réjouissaient et relevaient les âmes ; il a vu ces temps revivre. Aussi il appelait l'histoire résurrection, et il y a de nombreuses parties de son œuvre qui sont cela même, où le passé semble vraiment ressusciter. Il était un grand enchanteur.

« Il faut l'admirer et ne point chercher à l'imiter. Ah ! qu'on imite, si on en a le courage, son travail, sa curiosité insatiable des sources ; mais qu'on s'en tienne là. Ceux qui iront plus loin feront des évocations sans avoir son secret ; ils prendront les défauts, ce qui se prend toujours le plus aisément ; il leur manquera le don, qu'il a si visible, le don de nature. Il lui est personnel. Sans doute il est plus commode de deviner que de se contraindre aux formalités de la méthode ; mais ces sévérités sont la discipline par excellence : elle a formé les maîtres que la France a eus et ceux qui, grâce à Dieu, lui restent encore. S'il est pour beaucoup d'esprits un modèle dangereux, M. Michelet, du moins, a été un puissant initiateur par ses livres et par son enseignement. Il a professé treize ans au Collége de France ; il avait déjà professé à l'École normale ; c'est à cette École de se rappeler qu'elle l'a possédé onze années et de garder un enseignement digne de lui.

« Si l'on ne voyait en M. Michelet qu'un homme absorbé dans la reconstruction du passé, on ne comprendrait pas une période de sa vie où se pressaient des écrits de polémique enflammée. C'était un homme de foi. Il était épris de la Révolution française, de ce qu'elle portait en elle de liberté, de justice, d'humanité ;

il était l'ami de ses amis, l'ennemi de ses ennemis, les deux extrêmement. Il détestait les fanatiques qui l'ont fait haïr, l'empereur, qu'il accusait de l'avoir détournée à son profit, le parti religieux, qui s'est proposé de la détruire. Personne n'oserait soutenir que, dans le combat contre ces deux derniers adversaires, il ait conservé la parfaite mesure : il était trop convaincu pour cela ; outre les livres qu'il publia alors, quelque chose de son trouble a passé dans son histoire ; mais là aussi il a vu loin, à son ordinaire, et sur le fond des choses notre temps peut, ce semble, se reconnaître en lui. L'esprit de 89, qui vient de nous donner la république, ne souffrirait pas la république violente ; à l'égard de Napoléon, l'ancien enthousiasme s'est changé en une critique hostile, qui fera bien de ne pas nier son génie ; enfin la France veut l'indépendance de la société civile.

« Quelques années après, cette émotion était apaisée, et, à partir de 1856, il y avait chez lui comme un repos et un rafraîchissement, d'où sortirent des études sur la nature, qui débutent par deux chefs-d'œuvre. Les poëtes animent tous les objets, sans chercher ni réussir à se tromper eux-mêmes ; quant à lui, il était plus naïf : il était près d'attribuer la sensibilité aux grands arbres qui gémissent sous la hache ; il n'hésitait pas à donner des pensées, des sentiments, des raisonnements voisins des nôtres aux êtres animés ; il laissait à Buffon et à qui voulait les prendre les espèces supérieures ; il choisissait de préférence les petits, il comprenait ce que signifiaient leurs mouvements, il a lu dans leur âme confuse, il y a trouvé les premiers traits de ce qui est développé en nous; il a cru que les âmes des animaux ne sont qu'une âme humaine commencée.

« Ainsi le génie de M. Michelet allait se variant et se transformant dans des œuvres toujours sincères et d'une rare valeur. C'était un merveilleux écrivain, qui avait tour à tour l'âpre énergie et la délicatesse exquise, un style rhythmé et coloré par la passion intérieure, style, il est vrai, inégal, tantôt solide et sain, tantôt haletant, nerveux et maladif.

« Vous ne me pardonneriez pas, Messieurs, et il ne me pardonnerait pas de ne parler que de lui. Il a eu pour compagne, pendant ses vingt-cinq dernières années, la femme si distinguée qui a fondu sa vie dans la sienne, et qui a aussi tellement fondu son talent dans le sien que, dans les ouvrages par lesquels s'ouvre l'aimable veine d'observation naturelle, *l'Oiseau*, *l'Insecte*, *la Montagne*, on ne sait plus faire les parts. Comme leur esprit et leur cœur, leurs noms resteront inséparables. Elle lui a donné un tombeau ; elle lui donnera bien des amis en continuant de recueillir dans les papiers qui sont son unique étude les pages d'où sort un parfum pénétrant de vie intérieure. Combien de ceux qui n'avaient vu en lui qu'un homme de lutte et qu'il avait atteints seront touchés en rencontrant chez lui, à tous les moments, de ces notes émues auxquelles on ne résiste pas et qui révèlent l'homme de paix ! Ainsi nous passons ici-bas sans nous connaître. La tempête perpétuelle qui agite le monde nous aveugle et nous jette les uns contre les autres, et nous ne sentons que ce choc, jusqu'à ce que quelque circonstance vienne, qui pour la plupart ne vient pas, où nous nous découvrons les uns aux autres, où nous apercevons les uns chez les autres ce fonds humain de sincérité et de bonté, par où tous les braves gens se tiennent, et alors nous sommes tout heureux de nous être défaits d'une injustice et d'une haine. Combien de fois les ennemis ne sont que des amis méconnus !

« Les épreuves par lesquelles notre pays a passé ont été bien cruelles pour l'auteur de l'*Histoire de France*. J'ai eu sous les yeux le récit de ces tristesses où d'autres se retrouveront. Il faut se le représenter errant en Suisse et en Italie, ne pouvant durer nulle part, l'attente des premiers événements, un grand trouble, avec un fonds de confiance, les premières déceptions, les malheurs qui se hâtent, la foi qui faiblit, le silence, le retour intérieur sans fin sur les mêmes pensées, une petite fièvre qui arrive à la suite d'un état si violent, le profond chagrin de l'insurrection après l'invasion. C'était trop. Le 30 avril 1871, à Pise, il tomba à terre comme foudroyé ; il se remit lentement, malade aux mains d'une malade ; la seule consolation du triste ménage était un rouge-gorge familier, qui aimait à se poser et à chanter au-dessus du lit de son maître ; et celui-ci, reconnaissant, ouvrant les yeux, murmurait : « Pauvre petit esprit ! » Dans de certaines natures tendres, il y a de ces enfances. Le bon air de la Suisse le rétablit ; la tête était restée entière, il reprit son travail. Quand il rentra dans Paris, il retrouva son appartement intact par miracle. Il n'avait pas cru que l'on pût brûler l'Hôtel de Ville, un pareil trésor de documents et de traditions populaires : outre l'horreur de l'action, il la regardait comme un contre-sens historique ; on lui avait caché la vérité, il l'apprit enfin, mais il n'a jamais voulu passer là.

« Il est mort à Hyères le 9 février 1874. L'Institut, la science, les lettres françaises ont fait une grande perte ; ses amis ajoutent leurs regrets à ces regrets publics ; pourtant, oserais-je le dire ? la mort n'est pas ici avec sa désolation habituelle. Lorsque disparaît une de ces âmes qui étendent leurs sympathies dans l'humanité et dans la nature, nous avons l'idée qu'en nous quittant elles retrouveront partout des amitiés. Ce qu'il y a de plus amer dans la mort, ce n'est peut-être pas encore la solitude où ceux qui partent nous laissent, c'est la solitude où il nous semble qu'ils sont quand ils ne sont plus à chaque minute entourés de notre tendresse. Lui-même, il a vu venir la mort avec sérénité. Sans la désirer, car elle devait affliger ceux qui survivaient, il espérait d'elle les plaisirs qu'elle promet à ceux qui ont cherché et aimé. Sans doute, dans ces moments où l'on sent clairement que la vie échappe, il se disait : Je reverrai les miens et les amis que j'ai perdus ; je visiterai ceux qui ont été opprimés et dont j'ai raconté l'histoire; je me mêlerai à l'humble foule des morts qui ont fait un peu de bien et dont le monde ne sait pas le nom ; je connaîtrai enfin l'auteur de l'*Imitation;* j'irai trouver Jeanne, la bonne Lorraine, nous pleurerons ensemble, je lui demanderai d'où sa vertu lui venait et si la source où elle a bu n'est pas tarie.

« Il monte pour la dernière fois ces sentiers qu'il a montés si souvent, plein de graves pensées, contemplant de ce repos Paris toujours agité, et, s'il rencontrait une tombe délaissée, y remettant une couronne et des fleurs, en souvenir de sa mère et par pitié des pauvres morts. Lorsque ceux qui lui ont été personnellement attachés auront disparu, il a mérité que quelque visiteur de ce lieu, touché du même sentiment, lui rende la même assistance. Il y a aussi un autre monument qui est confié à nous tous, surtout à vous, jeunes gens ; je veux dire sa juste renommée. Gardez-la contre la prévention et la légèreté ; dans les jours voilés que nous traversons, ne laissez pâlir, ne laissez périr aucune des gloires de la France. Pour moi, je suis heureux d'avoir apporté aujourd'hui à M. Michelet, avec un fidèle souvenir, l'hommage de l'Académie qu'il a honorée. »

M. Laboulaye, au nom du Collége de France, s'avance à son tour :

« Messieurs,

« Je viens, au nom du Collége de France, rendre un dernier hommage à la mémoire de notre illustre et regretté collègue M. Michelet.

« En 1838, M. Letronne, ayant demandé à prendre le cours d'archéologie, laissa vacante la chaire d'histoire et de morale. M. Michelet y fut appelé par le suffrage du Collége de France. D'excellents ouvrages et le renom des conférences de l'École normale avaient désigné depuis longtemps M. Michelet pour cet enseignement.

« Je n'ai point à rechercher les causes qui firent

suspendre le cours du professeur d'histoire et de morale. Ces causes sont bien loin de nous et n'ont plus d'intérêt. La révolution de 1848 nous rendit M. Michelet ; le coup d'État du 2 décembre nous l'enleva. Un décret du 12 avril 1852 le révoqua en même temps que M. Quinet. L'empire naissant avait besoin de silence ; on connaissait assez les deux amis pour savoir qu'ils ne se tairaient point.

« Le coup fut sensible pour M. Michelet. Il ne nous atteignit pas moins profondément. Le Collége de France n'est pas un corps politique ; sa gloire est de ne s'occuper que de science ; mais il tient à son indépendance, car elle est la garantie de la liberté et de la dignité du haut enseignement. Comme l'officier, le professeur a droit de compter sur la propriété de son grade. S'il est coupable, qu'on le juge ; mais le destituer sans jugement, c'est un abus d'autorité. Jamais nous n'avons pu nous résigner à ces séparations violentes ; nous avons toujours regardé M. Michelet comme un des nôtres, et c'est pour cela qu'aujourd'hui je viens parler sur le cercueil de l'absent que nous n'avons point oublié.

« Après une si longue séparation et un si long silence, il est difficile de donner à ceux qui n'ont pas entendu M. Michelet une idée de cette éloquence qui ne ressemblait à aucune autre. En lisant à haute voix certaines pages de ses écrits, on retrouve le professeur. C'est la même parole, tantôt lente, tantôt précipitée, tantôt hésitante, saccadée, et tout à coup s'élevant avec énergie et vous emportant vers l'infini. Il y avait en lui de l'apôtre et du poëte. Il avait la passion de l'un, l'imagination de l'autre. Personne n'a possédé au même degré l'art magique de ranimer le passé; personne n'a plus hardiment annoncé à l'humanité un meilleur avenir.

« Ce qu'il faut surtout louer dans M. Michelet, c'est son entière sincérité. Il est permis de ne pas partager ses opinions politiques et religieuses, on peut trouver que l'imagination l'a souvent emporté bien loin; mais, si par hasard il s'est égaré, c'est de bonne foi. Épris de la vérité, il la poursuivait avec une fougue et une passion qu'aucun obstacle n'arrêtait; mais c'est la vérité seule qu'il voulait atteindre. On ne lui a connu d'autre ambition que celle de propager et de défendre ses idées. Il n'a jamais été un homme de parti. Il planait au-dessus de nos misérables querelles, dans ce monde idéal que sa pensée avait créé; c'est là qu'il aimait à se réfugier, loin de l'agitation et du bruit.

« S'il fallait une preuve de ce désintéressement tout scientifique, je rappellerais la résignation et le courage avec lesquels il est rentré dans la vie privée. Sa carrière était détruite, sa fortune compromise; on ne l'a pas entendu se plaindre. Secondé par une femme digne de lui, il a demandé au travail seul la consolation de ses peines. On lui fermait la chaire qu'il avait conquise par un labeur héroïque; il s'est fait de ses livres une tribune bien plus retentissante pour parler à la jeunesse qu'il aimait tendrement. Il a usé ce qui lui restait de vie à porter partout la lumière, comme ces flambeaux qui se consument en nous éclairant. Il a vécu, il est mort en enseignant. C'est par là qu'il n'a pas cessé de nous appartenir; c'est ce qui nous donne le droit de déposer sur cette tombe un dernier tribut de respect et d'affection. »

M. Havet, professeur au Collége de France et ancien élève de Michelet à l'École normale, s'est exprimé ainsi :

« J'apporte sur cette tombe des souvenirs déjà bien vieux : il y a quarante-deux ans que j'étais l'élève de M. Michelet à l'École normale. Il en avait alors trente-six ; son talent était dans toute sa maturité et toute sa force ; mais sa gloire commençait à peine. Déjà le *Précis d'histoire moderne* avait établi son autorité ; mais l'*Histoire romaine,* publiée en 1831, était, avec l'*Introduction à l'Histoire universelle* de la même année, le premier livre qui eût porté son nom jusqu'au grand public et fait reconnaître à tous un écrivain supérieur. C'est à la fin de 1833, au moment même où les normaliens de mon année devenaient ses élèves, qu'il achevait ses deux premiers volumes de l'*Histoire de France,* dont le succès fut si vif, et qui le mirent d'une manière définitive au premier rang des esprits. Voilà le maître qui, dans l'ombre de l'École, enseignait l'histoire moderne à une douzaine d'élèves. Ces générations de jeunes hommes studieux et exigeants étaient, chacune à leur tour, surprises et subjuguées par l'originalité de sa pensée et de sa parole ; sa figure étincelait d'esprit ; sa façon de dire était pleine de charme ; et avec quelque éclat que son éloquence se soit produite plus tard dans une chaire publique, devant une foule enthousiaste et parmi des luttes retentissantes, j'ose croire que sa causerie, dans nos conférences intimes, avait quelque chose encore de plus séduisant et de plus parfait. Son enseignement était admirable de netteté et de méthode : dès sa première leçon, le programme de son cours, qu'il nous traça d'abord tout entier, avec une précision et une fermeté magistrales, nous parut plein de lumière. Cet art de distribuer et d'éclairer la masse si souvent confuse de l'histoire est ce qui fait la supériorité de ses *Précis*, et c'est le premier don du professeur. Ses formules saisissaient et fixaient le mouvement et la vie. Michelet n'a enseigné dans l'École qu'une dizaine d'années ; les chaires publiques l'ont gardé dix ans encore ; il en fut écarté par la réaction qui préparait le coup d'État, et enfin le coup d'État le raya définitivement de la liste des professeurs, en même temps qu'il le chassait (par son refus de serment) de ces Archives qui avaient été, pour ainsi dire, son laboratoire. (Bravos.)

« Ceux qui ne sont entrés que depuis au Collége de France ont senti vivement l'amertume de n'y pas retrouver Michelet et Quinet, et de n'avoir pas l'honneur d'être leurs collègues ; mais si je me plains que Michelet ait été *révoqué* (on ne prononce pas aujourd'hui ce mot sans honte), et qu'il ait eu à souffrir, je ne me plains pas qu'il ait été libre. (Bravos.) Je ne regrette pas que son génie, désormais sans liens, et s'abandonnant à une influence heureuse, ait pu s'envoler à son gré dans des espaces d'où il rapportait, comme un Platon, des fantaisies divines ; ni que, dégagé des devoirs du fonctionnaire, il ait pu s'élever au-dessus des gouvernements, dans la région du droit, et vivre d'avance en pleine République. (Applaudissements.) Néanmoins, il sera toujours permis de se féliciter que la jeunesse de Michelet ait appartenu à l'Université et à l'École normale. C'est pendant cette période de sa vie qu'il a fait ses livres les plus sévèrement composés, et ceux aussi qui demeurent les plus utiles aux travailleurs par les renvois aux sources qui les accompagnent. D'ailleurs, l'esprit français a tellement besoin de règle et d'autorité, il est si essentiellement disciplinable et docile, qu'il ne suit pas tout d'abord les plus grands maîtres, s'ils ne se présentent avec un titre officiel. Michelet parlant du dehors n'aurait pas été moins admiré et moins applaudi ; il n'aurait pas peut-être agi sur la jeunesse aussi sûrement que par ses leçons données à ces normaliens qui reportaient ses idées sur tous les points de la France ; il n'aurait pas si vite renouvelé, comme il l'a fait, l'enseignement de l'histoire.

« Quant à ceux qui affectent d'honorer le Michelet d'autrefois pour gémir sur ce qu'il est devenu depuis, je ne comprends même pas leurs regrets. Michelet avait l'imagination et la sensibilité d'un grand artiste ; il a donc pu avoir des illusions ; bien d'autres en ont eu comme lui, sans avoir l'excuse de la poésie et du génie. Il a pu avoir ses illusions sur des hommes, sur des peuples, sur des églises ; il n'a jamais eu d'erreur ni d'hésitation sur les principes. Il n'a pas changé, il s'est développé et agrandi ; c'est l'histoire de tous les hommes supérieurs. La jeunesse qui les prend pour guides dans la recherche de la vérité n'est pas trompée ; à mesure que l'esprit des disciples s'ouvre et s'élargit par la réflexion et par les leçons de la vie, ils trouvent celui du maître plus ouvert et plus large encore, et qui les devance toujours, comme un prophète. Pour moi, quand je remonte par la pensée au Michelet d'il y a quarante ans, du temps de nos paisibles études de l'École normale, je ne vois pas qu'il soit autre que celui qui a livré plus tard tant de combats et remporté tant de victoires, victoires de l'esprit, qui, si elles sont désormais fermement soutenues et poursuivies, permettront à nos enfants de voir la France, une France libérale et pacifique, reprendre parmi les peuples son influence et sa dignité. » (Applaudissements.)

M. Jules Quicherat, directeur de l'École des Chartes, et l'un des exécuteurs testamentaires de Michelet, a prononcé les paroles suivantes :

« Je viens, à mon tour, rendre hommage au savant qui a pratiqué l'érudition avec éclat, et qui en a inspiré le goût à beaucoup d'hommes parmi ses contemporains. Ce côté du talent de Michelet ne saurait être négligé. S'il a rendu l'histoire si attrayante, ce n'est pas seulement parce qu'il l'a présentée sous une forme inusitée avant lui. Il en a aussi renouvelé la substance. Une parole de Tite-Live lui avait donné la conception de la science à laquelle il consacra sa vie : « Se faire l'âme antique lorsqu'on retrace les choses de l'antiquité » ; et de la brume sillonnée d'éclairs, où s'était dérobée la pensée du philosophe Vico, il dégagea sous une forme lumineuse le principe, aujourd'hui vulgaire, que l'histoire réside dans toutes les manifestations de l'activité humaine aussi bien que dans la suite des événements.

« Dès que Michelet se fut tracé le programme contenu dans cette idée féconde, il se mit en devoir de le remplir dans toutes ses parties. Prendre ses informations aux sources et rien qu'aux sources, tout en s'éclairant des travaux de critique accomplis en France et à l'étranger, discerner dans le chaos de la bibliographie les livres susceptibles de fournir des renseignements utiles, aller chercher au loin, à une époque où les voyages étaient encore si difficiles, les documents qui lui manquaient ou les éclaircissements au témoignage des auteurs qu'on ne trouve qu'à la vue des lieux, s'initier à toutes les connaissances subsidiaires sans lesquelles on n'aurait qu'une idée fausse des institutions humaines, et, lorsqu'il aborda l'histoire de France, se faire archiviste, afin de pratiquer incessamment les matériaux manuscrits si considérables en nombre, qu'auprès de leur masse tout ce qu'on a imprimé n'est rien : telle est la préparation laborieuse d'où sortirent les leçons de Michelet, qui sont ensuite devenues ses livres. Jamais historien ne s'était imposé tant d'obligations, ni ne s'enchaîna si étroitement à son œuvre.

« Des voix éloquentes viennent de dire les brillantes qualités qu'il y apporta, celles surtout dont tous les esprits éclairés sont à même de sentir le prix. Il en est une qui n'apparaît qu'aux yeux des hommes spéciaux, et à laquelle je voudrais donner tout son relief. C'est une perspicacité voisine de la divination, un instinct qui l'a conduit maintes fois à déduire d'un témoignagne unique une conséquence que nombre d'autres documents sont venus justifier depuis. Jacob Grimm, qui fut l'un de ses correspondants assidus, à exprimé son étonnement de cette pénétration dont il avait été témoin. Combien de Français ont eu déjà et auront encore l'occasion de lui rendre le même hommage ! (Bravos.)

« Dans les trente-cinq volumes d'histoire que laisse Michelet, il y a sans doute des erreurs. Il a pu se laisser emporter plus d'une fois par sa vive imagination ; il a pu tomber dans le défaut, presque inévitable pour l'érudit, de donner trop de valeur à des traits secondaires ; mais, comme il a travaillé avec le même soin toutes les parties de ses ouvrages, ce n'est pas à la légère qu'il faudra proposer les corrections dont ils sont susceptibles. Plus on l'étudiera, plus on sera frappé de tout ce qu'il mit en avant de faits bien trouvés, d'idées justes, d'aperçus profonds ; plus on se convaincra aussi de sa parfaite sincérité, de l'ingénuité de son âme. C'est lui, c'est sa personne ; ce sont ses recherches, et le fruit de ses méditations à lui seul, que l'on trouve dans ses écrits. Il n'a pas eu de conseiller ni de guide. Il n'était point homme de parti, il ne reçut l'inspiration d'aucune société, d'aucune secte ; et les événements eux-mêmes, quel qu'ait été leur retentissement, lors même qu'il en fut accablé, n'eurent pas de prise sur son jugement.

« Indépendant en face des catastrophes comme au milieu de ses amis, il ne connut pas davantage l'asservissement au plaisir. Sa vie, comme celle du savant des temps anciens, fut austère, et sans qu'il y mît aucune affectation. Entre ses immenses lectures et son travail incessant de composition, il n'y avait pas de place pour les divertissements. D'ailleurs, la joie du dehors n'est pas nécessaire au chercheur qui porte en soi celle d'apprendre tous les jours quelque chose qu'il ignorait ou de découvrir ce que les autres n'avaient pas aperçu avant lui.

« C'est ainsi qu'éloigné du monde, mais constamment en communion d'intelligence et de sentiment avec l'humanité qui fut pour lui l'objet d'un véritable amour, il put conserver jusqu'à ses derniers moments, dans la pratique désintéressée de la science, l'esprit d'un philosophe, l'âme d'un poëte, le cœur d'un patriote : digne exemple, et de l'assiduité qui porte si haut la puissance des efforts intellectuels, et du détachement qui procure l'inestimable bien préféré à tous les autres par l'homme libre ; celui de penser comme il voit, et de s'exprimer comme il pense. » (Applaudissements.)

M. Challemel-Lacour, au nom de la démocratie et du peuple de Paris :

Messieurs,

« Après les nobles et touchantes paroles prononcées par les amis, les élèves, les collègues et les confrères de M. Michelet, et qui ont fait revivre un instant devant nous non-seulement l'historien, le savant, l'écrivain et le poëte, mais encore cette figure étincelante d'esprit et ce regard où brillait la double flamme du génie et de la bonté, que pourrais-je ajouter qui soit digne de cette tombe illustre? J'obéis pourtant à un désir sacré pour moi en me hasardant à vous retenir encore quelques instants dans ces lieux que Michelet, comme on vous le disait tout à l'heure, aimait, où il se plaisait, jeune et encore inconnu, à promener ses pieuses rêveries et où l'attirait le culte des morts. Que dis-je, le culte des morts? Non, le culte de la vie. La mort n'existait pas pour lui; elle n'était qu'un voile transparent derrière lequel il suivait le travail toujours renaissant de l'artiste éternel; elle n'était que le flot fugitif et limpide au fond duquel il se plaisait à contempler les réalités impérissables. Soit qu'il errât dans ce champ du repos, soit qu'il parcourût le champ de l'histoire, les morts se levaient au signal de ce puissant résurrecteur et lui faisaient confidence de leurs pensées, de leurs instincts, de leurs souffrances. Ils lui révélaient le secret de la vie, pour qu'à son tour il nous le transmît.

« C'est dans cette fréquentation qu'il avait développé cette sympathie qui embrassait tout, depuis l'insecte jusqu'à l'homme, et qui était la meilleure moitié de son génie. Non! il ne croyait pas à la mort. Je voudrais que cette parole tombât dans le cœur de sa courageuse veuve, non pour le ranimer : n'y vit-il pas encore tout entier?

« Quant à nous, écrivains, professeurs ou hommes politiques, nous lui devons trop pour l'oublier jamais.

Je manquerais à la vérité si je voulais en faire un homme de parti, si je tentais de l'enlever à la sphère supérieure et paisible où il a vécu, pour le faire descendre dans la poussière et parmi les cris qui remplissent nos bruyantes arènes.

« Il se connaissait, il se jugeait avec une sagacité impitoyable pour lui comme pour tout le reste, et c'est pourquoi, respectueux de sa mission, animé de l'unique ambition d'achever son œuvre, il avait toujours résisté obstinément aux sollicitations les plus séduisantes : il n'avait jamais voulu quitter le domaine où il se sentait puissant et souverain.

« Mais personne ne sera tenté d'attribuer le dédain de l'action à ce travailleur matinal, à ce fils du dix-huitième siècle, qui a résumé la loi de l'existence humaine et le secret du bonheur terrestre dans cet unique mot : Agir. (Applaudissements.)

« Soit qu'il écrivît, soit qu'il enseignât, Michelet ne croyait pas déroger aux plus strictes obligations de la science, il ne croyait pas non plus distraire les jeunes gens de leur voie studieuse en n'oubliant jamais qu'il était du dix-neuvième siècle, en ne feignant jamais d'ignorer ce qui se passait à la porte de l'École.

« Il ne pensait pas que ce fût bien servir les jeunes gens que de leur dérober l'origine, le sens, la gravité de nos luttes contemporaines ; il ne croyait pas non plus qu'il fût permis à l'écrivain de se renfermer dans le monde de la spéculation et de la fantaisie, de se bercer dans un oubli voluptueux de tous les intérêts actuels. Ainsi, pensait-il, demeure stérile, ainsi se trouve frappée d'une caducité précoce l'œuvre de prétendus penseurs qui dédaignent les leçons de la vie active et qui, sous prétexte de ne s'occuper que de l'éternel, abaissent un regard de dédain sur les luttes des hommes.

« Au contraire, la vie de Michelet a été une longue, une incessante action, et toujours il a été attentif et sympathique à toute action généreuse. Et qui le sait mieux que nous? Dans une des plus sombres journées du mois de novembre 1870, quand le naufrage paraissait à beaucoup inévitable et prochain, ceux qu'un sort capricieux avait chargés du fardeau, bien lourd pour leurs faibles épaules, d'organiser en province les débris de nos forces nationales, ceux-là reçurent une brochure de quelques pages. Un cri involontaire avait jailli du cœur brisé de Michelet. Frappé jusqu'au plus profond de son âme, mourant déjà des malheurs de la patrie, pendant que d'autres, et parmi les plus fermes, se prenaient déjà à désespérer, pendant que les semeurs de découragement se multipliaient et allaient d'heure en heure élevant la voix, il nous envoyait, lui, du fond de sa retraite, un cri de confiance; il nous rappelait, pour nous soutenir, que les nations ne vivent pas seulement de pain, mais d'honneur, et que, pour renaître, il faut qu'elles sachent traverser la mort. Il nous envoyait, comme dans un testament anticipé, son acte de foi invincible dans ce peuple dont, mieux que personne, il connaissait toutes les ressources morales et dont l'âme vibrait en lui. (Marques d'émotion.)

« Cet acte de foi, était-ce une illusion? Non, car la France, épuisée et vaincue, a eu raison de l'ironie et elle a imposé silence à ses insulteurs ; et la France était plus respectable après sa défaite, quand les étrangers se riaient de ses bras désarmés, quand ses bataillons périssaient engloutis dans les neiges que lorsqu'elle brillait de toutes les pompes de l'Empire. (Très-bien! très-bien! — Applaudissements.)

« Et si la France ne s'est pas abandonnée elle-même, si, devant ses arsenaux vides, devant ses places fortes livrées l'une après l'autre à l'ennemi, devant ses vaillantes armées rendues prisonnières, se réveillant un matin dans le dénuement et l'abandon, elle a retrouvé cette force suprême qui crée toutes les autres et qui, parfois, les supplée : la confiance en soi, le devoir de ne pas démentir la glorieuse tradition des ancêtres, qui pensera que Michelet, le chantre épique de Jeanne d'Arc et de 92, le professeur qui, pendant quarante années, avait attisé dans tant jeunes cœurs le feu de l'amour de la patrie, qui dira qu'il n'y fut pour rien? (Très-bien! très-bien! — Bravos.)

« Ah! Messieurs, voilà comment une grande âme peut en allumer des milliers, comment la flamme sainte se propage. Le potier brise le vase à son heure, mais le parfum, au lieu de se perdre, se répand au loin, invisible et vivifiant. (Profonde émotion.) Nul ne sait, nul ne saura jamais combien un conseiller tel que Michelet peut avoir, en nos temps d'épreuves, raffermi de cœurs un instant ébranlés.

« Il y a, dans la vie des hommes publics, mêlés à nos luttes contemporaines, des heures cruelles. Ce ne sont pas celles où la mêlée est ardente, où les coups se reçoivent et se rendent. Non, ce sont celles où, devant la complexité de la tâche entreprise, devant les difficultés quelquefois croissantes de l'œuvre à accomplir, en présence des ténèbres qui nous dérobent l'avenir, après tant de défaites subies, quand la fortune s'est jouée tant de fois de nos efforts et qu'elle a renversé si souvent notre édifice à peine sorti de terre, c'est alors que parfois le cœur sincère se sent pris d'angoisses et se demande avec déchirement s'il est dans la vérité. Un tel doute, si court qu'il soit, recèle une douleur infinie, car ce n'est pas de nous qu'il s'agit, c'est de la patrie ; ce n'est pas le salut d'un homme qui est en jeu, c'est celui d'un peuple et du monde. Ah ! ceux-là n'ont qu'une faible idée de la grandeur du drame dans lequel tous, à cette heure, qu'ils le sachent ou qu'ils l'ignorent, jouent leur rôle, qui n'ont jamais, pas même un jour, une heure, une minute, ressenti cette poignante perplexité.

« Michelet avait connu cette agonie, et il en était sorti vainqueur, l'âme retrempée, l'intelligence agrandie. Ainsi, Messieurs, qui ne se rassurerait lorsqu'il nous crie : Non ! la France ne s'est pas trompée quand elle a fait sa Révolution ! Non ! les grands hommes qui l'ont préparée et accomplie n'ont pas été le jouet d'un mauvais génie ! Ne perdez pas courage, ô vous qui manœuvrez à cette heure le vaisseau de la patrie ; fermez l'oreille aux avertissements des faux sages qui vous crient que vous faites fausse route et que vous allez vous perdre dans les glaces éternelles. Non ! vous êtes dans la voie de la vérité et de la vie. Bientôt le printemps va venir, les glaces vont fondre, déjà le passage est ouvert, voici la grande mer : elle s'appelle la justice, elle s'appelle la démocratie. (Très-bien ! très-bien ! — Bravos et applaudissements prolongés !)

« Voilà l'enseignement qui sort de cette tombe, voilà ce que vous dit la voix d'un des hommes qui ont le mieux connu la France, qui l'ont aimée du plus grand cœur, de l'homme qui en a célébré le plus magnifiquement toutes les grandeurs et toutes les épopées. C'est en l'étudiant dans son passé qu'il a recueilli le secret de sa destinée présente ; c'est pour l'avoir toujours consultée et toujours écoutée qu'il ne s'est jamais égaré. Lui-même, cherchant, avec cette sincérité dans laquelle il entrait de la fierté, sans doute, mais point d'amour-propre, en quoi il se distinguait de ses contemporains illustres, en quoi consistait son avantage particulier, il répondait naïvement : « Je suis resté peuple. » Quoi donc! Michelet, qui a dépensé la moitié de son génie à préparer la réconciliation des classes, à restaurer entre elles le lien fraternel de la famille française, divisait-il la France en fractions? Lui, le fils de l'imprimeur arrivé à la gloire, entendait-il décerner à une classe privilégiée des mérites au-dessus des autres?

« Non, Messieurs, la démocratie, à laquelle il croyait, et dont le salut, s'identifiant pour lui avec la justice, avait pris dans son âme poétique et tendre l'autorité d'une religion, cette démocratie embrassait toutes les classes, ou plutôt elle les confondait dans une harmonieuse unité. C'est pour cela qu'il se séparait de ceux qui, dans l'orgueil d'une illustration ancienne, ou qui, se laissant trop facilement éblouir à l'éclat de leur fortune d'hier, laissaient voir, à l'égard des foules laborieuses, les mépris qui irritent ou les insultantes peurs.

« Quant à lui, il les aimait, et c'est parce qu'il les aimait qu'à mesure qu'il avait vu, dans le cours de son histoire, au-dessus de cette France puissante et vraie, la France du peuple, se former une France théâtrale de gentilshommes oisifs, à genoux autour d'une idole, — à mesure qu'il avait vu la vie française se concentrer dans une cour écrasant de son poids, épuisant de son insatiable appétit tout le monde du travail, il était devenu de plus en plus sévère. Et c'est alors que lui, l'historien pieux de Louis IX, l'interprète ému du génie de la vieille France, il n'avait pas craint, au risque de déconcerter des respects de convention et d'étonner des admirations superstitieuses, il n'avait pas craint de dépouiller, à la face du monde, ces nullités solennelles. C'est alors que son rire vainqueur avait éclaté, sous les arceaux de Versailles, à la face de cette France travestie dont l'éclat factice n'éclipsait pas, à ses yeux, la grandeur impérissable et le bon droit éternel de cette France muette qui attendait son jour. (Vive approbation. — Applaudissements.)

« Gardons-nous, Messieurs, gardons-nous de croire et de dire qu'il enseignait ainsi à la France le dédain de son passé, qu'il achevait de ruiner, chez la jeunesse, l'habitude déjà trop affaiblie du respect. Ceux auxquels il a été donné de le connaître et de l'entendre savent s'il avait l'amour du passé, s'il vénérait la tradition jusqu'à la tendresse; mais, lorsqu'il s'appliquait à dissiper le respect corrupteur qui s'adresse aux fictions et aux idoles, que se proposait-il, sinon de restaurer le respect salutaire qui n'est dû qu'à la vertu et au bon droit? Comme Pascal et comme Voltaire, ses ancêtres, il avait reçu les cordelettes sacrées de l'ironie pour expulser les fausses grandeurs de la place qui n'appartient qu'aux véritables. Et c'est pour cela qu'ayant traversé tant de cours, vécu avec des grands et avec des rois, touché de ses mains des majestés ridicules, pris la mesure des colosses d'argile, et étant sorti de ces fréquentations tel qu'il était entré, il disait, en s'applaudissant : Je suis resté peuple. (Applaudissements.)

« Mot profond, où l'on sent vibrer tout ce qu'il y avait en lui d'affection pour le travail, de tendresse pour les petits et les humbles, de sympathie pour tout ce qui souffre.

« Grave conseil à ne jamais oublier, qui s'adresse à nous tous, Messieurs, trop souvent portés, sous mille prétextes, à nous circonscrire et à nous mettre à part; mais qui s'adresse surtout à vous, jeunes gens, appelés peut-être aux destinées brillantes, qui vous abreuvez librement aux sources du savoir, et auxquels il sera donné de cueillir les fruits d'or de la vie. Ne vous isolez jamais : restez peuple, restez ce qu'on est à vingt ans, quand on a un cœur large, sympathique et vaillant.

« Où serait-il permis de le dire, Messieurs, si ce n'est ici où, tout autour de nous, de ces tombeaux, semble sortir une leçon de démocratie? Les hommes sont égaux dans la mort, mais il n'y a pas loin, même dans la vie, du plus fier de sa sagesse et de son expérience au plus humble : mêmes dévouements et mêmes vertus, mais aussi mêmes misères et mêmes souffrances se retrouvent partout.

« Ne vous isolez jamais, restez peuple, non pour

aduler les foules, mais pour leur faire partager les nobles idées dont elles sont avides, pour les comprendre, pour les aimer, pour les instruire, pour mériter d'être écoutés d'elles: c'est le commencement de la réconciliation. (Très bien ! très-bien ! — Bravos et applaudissements.)

« Maintenant, nous pourrons nous éloigner de la tombe de Michelet en emportant comme un cordial le souvenir de ce que la France, de ce que chacun de nous doit à ce conseiller, à cet homme de courage et de vertu, mort dans l'unique et austère religion de la justice, après avoir passé sa vie, employé ses efforts, épuisé son génie à en propager le culte. Comme nous tous, Messieurs, il avait connu une autre religion, et vous savez tous de quelle voix enchanteresse, avec quelles couleurs merveilleuses il en a célébré la poésie, qui charma les ennuis du moyen âge et qui, parfois, en assoupit les douleurs. Il se sépara de cette religion qu'il avait aimée, pour suivre une autre lumière, lorsqu'il crut que son flambeau était devenu insuffisant ou dangereux pour le monde.

« Plus tard, sa voix redoutée s'éleva contre ceux qui la pervertissent et en abusent pour la faire servir à leurs calculs de domination et exploitent jusqu'aux douleurs des hommes pour leur imposer leur joug. Mais jamais, jusqu'à la fin de sa vie, il ne parla de cette vieille religion, dont les psalmodies ont bercé l'enfance des sociétés modernes, qu'avec une respectueuse piété.

« A Dieu ne plaise, Messieurs, que, dans ce lieu où sont versées tous les jours tant de larmes, parmi ces pierres sous lesquelles dorment tant d'espérances mois, sonnées, tant d'affections prématurément ensevelies, en face de ces symboles au pied desquels tant de désespoirs ont peut-être trouvé une heure d'adoucissement, à Dieu ne plaise qu'il m'échappe une parole capable de contrister une âme simple et que pût désavouer celui que nous saluons pour la dernière fois! Mais il me sera bien permis de dire que les rites, les chants et les cérémonies ne sont pas la religion, et ceux qui profitent de l'heure où nous enterrons les nôtres et où nous leur faisons un cortége de nos admirations ou de nos regrets pieux, pour leur jeter l'outrage, pour scandaliser les faibles, pour tâter les courages et savoir si le moment ne viendra pas bientôt pour eux de passer de l'injure à l'intolérance, — ceux-là ne feront pas que la religion réside dans les pompes extérieures. Michelet, j'ose le dire, a été, dans le sens le plus élevé du mot, un homme religieux, et si on lui eût demandé pourquoi il avait rompu avec la religion, il aurait pu, comme le poëte, répondre dans la sincérité de sa foi : par religion. (Applaudissements prolongés.)

« La sienne était d'étudier, de comprendre, d'adorer, en ses œuvres infinies, la puissance d'amour qui se révèle dans les instincts de l'insecte et de l'oiseau comme dans la lente création de la justice parmi les hommes. Si, comme on vous l'a dit, il aimait l'histoire par-dessus tout, c'est qu'il croyait y apercevoir plus distinctement l'infaillible action de cette puissance qui se sert du génie des uns, de la vertu des autres, de la bonne volonté de tous pour engendrer la liberté. Cette âme, affamée d'adoration, suivait, avec une émotion toujours fraîche et quelquefois enthousiaste, cette création douloureuse d'un ordre meilleur.

« Il y a travaillé longtemps, et qui sait ce qu'il a dû souffrir dans ce long effort? Il n'a pas souffert seulement des injustices et des ignorances de la critique, de la légèreté des jugements humains, de la fragilité des plus chères amitiés, des coups répétés de la mort qui frappait à son foyer, de ces souffrances obscures qui, sans catastrophes éclatantes, bien souvent compensées pour quelques-uns par le bruit qu'elles font, suffisent amplement à attrister la vie. Il a encore, ne l'oubliez pas, ressenti les souffrances accumulées des siècles qu'il a racontés; il a retraversé, par cette sympathie qui était le ressort, mais aussi la rançon de son génie, toutes les douleurs de ce peuple qui fut son unique héros. Il ne s'est pas lassé. Soutenu, rafraîchi d'année en année par une affection sans pareille, par la plus douce et la plus chère des collaborations, tandis que bien d'autres voient leur œuvre rester inachevée, il a mené la sienne à terme, et c'est pourquoi il est mort en adressant à Dieu une parole de reconnaissance « pour tant de biens, pour tant d'œuvres, pour tant d'amitié ».

« Que maintenant il dorme en paix sous ces couronnes. Nous pouvons prononcer sur lui ces paroles d'un autre travailleur infatigable, de son vieil ami Luther : *Beati mortui, quia quiescunt!* Heureux les morts, parce qu'ils se reposent! » (Marques de profonde émotion. — Applaudissements prolongés.)

M. G. Cottrau, de Naples, délégué par MM. Mancini et Pierantoni, pour représenter les universités de Rome, Naples, Pise, Bologne et Pérouse :

« Et nous aussi, étudiants des Universités de Rome, de Naples, de Pise, de Bologne et de Pérouse, nous venons déposer en pleurant notre couronne sur le cercueil de M. Michelet.

« Michelet ne borna point son affection à sa seule patrie ; il aima toutes les nations et voulut pour chacune d'elles la même indépendance, unité et liberté que pour la France. C'est ainsi qu'aujourd'hui s'élève de tous côtés vers lui une pensée de gratitude.

« L'Italie, particulièrement, aime à se rappeler que Michelet traduisit son philosophe Vico, et qu'il lui consacra un de ses premiers et de ses plus beaux livres : l'*Histoire de la République romaine*.

« Pour Michelet, l'histoire était une résurrection, et l'enseignement la transmission d'un courant de vie morale. Le grand historien-philosophe croyait à la solidarité des individus et des peuples. Il affirmait le devoir qu'ont les nations libres d'aider à le devenir celles qui ne le sont pas. Et surtout il assignait à la jeunesse un grand rôle d'initiative politique et de médiation sociale.

« Michelet aimait, comprenait, encourageait la jeunesse. Par sa parole et par sa vie, il lui enseignait la hardiesse de l'esprit, le désintéressement le plus complet, le dévouement pour les causes justes et la fidélité aux principes.

« Et c'est pourquoi la jeunesse de toutes les nations bénit et bénira toujours sa mémoire.

« Michelet a été le constant ami des exilés italiens. (Bravos.) Sa sympathie pour l'Italie, qui ne s'est jamais démentie, est un des anneaux de la chaîne fraternelle qui unit et qui doit unir la France et l'Italie. (Applaudissements.)

L'Italie, qu'il évoquait de ses vœux ardents, elle existe maintenant ; le pouvoir temporel pontifical, qui était comme la clef de voûte de l'universelle oppression morale, a disparu ; le palais, à Rome, où les jésuites ourdirent tant de complots contre la liberté du genre humain, est devenu le palais de notre bibliothèque nationale. (Applaudissements.)

« Voilà pourquoi les étudiants de Rome, de Naples, de Pise, de Bologne et de Pérouse témoignent douloureusement aujourd'hui leur reconnaissance et leurs regrets à la mémoire de Michelet. » (Nombreux applaudissements.)

M. Cantacuzène, au nom de la jeunesse roumaine :

« La jeunesse roumaine vient exprimer, sur cette tombe encore ouverte, ses regrets éternels pour la perte de celui qui fut, pendant toute sa vie, l'apôtre de la liberté, le soutien des idées les plus nobles, le défenseur des peuples opprimés.

« Le nom de Michelet sera prononcé avec amour et vénération par toutes les nations qui, sous l'étreinte de la tyrannie, sentaient le besoin de vivre et de penser.

« Michelet, Quinet, grandes et nobles figures, vous apparaîtrez toujours entourés de cette auréole que la générosité, la grandeur d'âme, le dévouement savent seuls donner ; — vos deux noms seront le signe de ralliement des peuples dans la grande lutte pour le triomphe des immortels principes de la Révolution. (Bravos.)

« La Roumanie se rappellera avec un légitime orgueil le jour où elle vous déféra le titre de citoyen, — faible tribut de sa reconnaissance.

« La France perd en Michelet une de ses gloires, la Roumanie un puissant soutien. — La même douleur déchire le cœur des deux nations : laissez-nous mêler nos larmes aux vôtres.

« Puisse la mémoire de Michelet resserrer encore les sympathies si puissantes qui unissent notre patrie à la grande République !

« Puisse sa grande âme nous inspirer à tous l'amour du bien et nous conduire toujours dans la voie du juste ! » (Applaudissements.)

M. Meurgé, étudiant en droit, délégué des écoles :

« Au nom de la jeunesse républicaine des écoles de Paris, et après nos amis les étudiants des Facultés étrangères, je viens non pleurer sur la tombe de Michelet, — on ne pleure pas les immortels, — mais affirmer notre admiration pour son génie. C'est un acte de patriotisme qui nous réunit tous ici : honorer les grands morts, c'est honorer sa patrie. Et quel mort plus grand que Michelet mérita jamais nos regrets?

« Nous admirons en lui l'homme fort qui, soutenu dans sa tâche par une compagne dévouée, sut défendre tout ce qui est faible, depuis l'oiseau jusqu'à la femme; chanter tout ce qui est beau, depuis la nature jusqu'au peuple. (Bravos.)

« Nous admirons en lui le professeur dont la voix grave et convaincue ne s'éleva jamais que pour affirmer les droits de la libre pensée et revendiquer la liberté pour tous. Là surtout il est grand, alors que, du haut de sa chaire du Collége de France, il tient tête à l'ultramontanisme, dont la haine et les menées souterraines finissent par le renverser.

« Là surtout il est grand, lorsque sa conscience se refuse à sanctionner l'illégalité impériale et quand, enlevé pour toujours au professorat, et refusant de s'incliner devant le succès, il donne à ses contemporains un suprême enseignement, celui du courage civique. (Nombreux applaudissements.)

« Nous admirons en lui l'historien qui comprit si bien l'esprit et la grandeur de la Révolution, le philosophe profond dans la poitrine duquel semblait battre le cœur de l'homme et qui, plein d'une pitié douce pour ceux qui souffrent, inclinant sa pensée vers les humbles dont les vertus sont obscures comme leur destinée, sut glorifier à la fois le paysan qui « fait la terre » et l'ouvrier qui fait la richesse nationale.

« Nous admirons enfin en lui le citoyen honnête et bon qui poursuivit la pacification sociale et dont la parole, toute d'amour et d'apaisement, aurait tant d'autorité à l'heure actuelle.

« Et maintenant, adieu, Michelet, au nom de tes fils ; adieu, toi, l'homme de la lumière et de la nature, descends dans cette tombe, au milieu de la lumière et de la nature en fleurs ; descends-y, enseveli dans ce linceul superbe que l'on appelle une conviction.

« L'antiquité, que tu aimais tant, élevait un temple à la jeunesse. La jeunesse française, honorant en toi un saint de la patrie, t'élèvera une tombe, autel sacré où, dans les heures de défaillance, nous viendrons évoquer ton souvenir et puiser dans ton œuvre la haine des coups d'État, l'amour du droit et de la liberté. » (Bravos.)

M. G. Monod, au nom de Mme Michelet, a prononcé ces quelques mots :

« Messieurs, je viens au nom de madame Michelet, vous remercier d'un cœur ému. Je vous remercie de votre présence si nombreuse, des nobles paroles qui viennent d'être prononcées et aussi de l'ordre admirable qui a présidé à cette imposante cérémonie. Vous avez rendu à Michelet le plus éloquent de tous les hommages, plus éloquent que les plus bruyantes acclamations, l'hommage de votre silence volontaire et de votre recueillement. Que chacun de nous se retire maintenant avec le même calme et la même dignité, emportant dans son cœur le souvenir de cette sérieuse mais belle journée et le souvenir bienfaisant du grand homme, du maître, de l'ami que nous avons perdu. »

Au milieu du silence profond qui succède à ces belles oraisons funèbres, on entend dans le feuillage une voix. C'est une amie, c'est la Fauvette. Elle a quitté son nid pour venir donner aussi son adieu au chantre de l'*Oiseau*. Fraîche, jeune, pure, ailée, sa voix descend sur la tombe encore ouverte, comme un chant du ciel, une bénédiction de Dieu!..

IV

LE CULTE DES TOMBEAUX

« Aimer les morts, c'est une immortalité. »

J. MICHELET.

Ce repos près des siens, dans la grande famille du dix-neuvième siècle, il l'a bien mérité.

Jamais homme ne s'est tant occupé des morts, n'a témoigné pour la tombe une plus vive et plus constante sollicitude.

Au temps où les cimetières étaient peu fréquentés, il y promenait ses rêves et ses mélancolies. — « Pendant dix ans, j'ai erré sur les routes du Père-Lachaise. »

D'où lui vint ce culte qui a commencé sitôt chez lui ? Il nous l'a dit lui-même : De la pitié.

« Je me rappelle comme d'hier que, le lendemain du « jour où on enterra mon grand-père, il s'éleva un « grand orage, et ma grand'mère, avec un accent qui « m'arrache encore des larmes au bout de quarante « années, dit : « Mon Dieu ! il pleut sur lui[1] ! »

Quand il perdit sa mère, l'impression fut autre, mais

[1] *La mort et le deuil.* Chapitre de l'*Amour*, p. 358.

encore plus poignante. Cette fois, il vit la mort face à face, n'y pouvant croire. « Lorsqu'en m'éveillant le « matin, mon père en pleurs me dit : « Ta mère est « morte ! » cela me semblait impossible. Je passai la « journée, les yeux fixés sur maman, et lisant de temps « en temps les prières des morts. »

Ceci est le récit de l'enfant. Trente ans plus tard, l'homme nous révèle la blessure saignante qu'il garde toujours au cœur :

« Elle a eu mon mauvais temps, et elle n'a pu profi- « ter de mon meilleur. Jeune, je l'ai contristée, et je « ne la consolerai pas. Je ne sais pas même où sont « ses os. J'étais trop pauvre alors pour lui acheter de la « terre[1]. »

Il avait, du moins, cherché où pouvait être cette place. J'ai trouvé sur un précieux petit garde-mains ces mots : « Déposé une couronne sur la tombe où peut- « être repose ma mère. »

Ce doute et ces regrets cuisants ont profité à d'autres morts. Combien de tombes délaissées lui ont dû, depuis, leurs fleurs et leurs couronnes !...

On ne peut lire sans trouble cette page écrite à vingt ans sur la mort de son premier ami :

« A onze heures, nous arrivions au cimetière. Com- « ment dire tout ce qui me venait pendant que nous « montions lentement cette allée funèbre? La vue des « arbres demi-voilés par le brouillard et hérissés de

[1] Le *Prêtre*. Préface.

« glaçons, me déchira ; mais, ce qui me perça, ce fut « d'entendre cette terre glacée qu'on faisait tomber sur « la bière.

« — Votre ami, dis-je à Pauline en rentrant, a « maintenant six pieds de terre sur le cœur... » « (14 février.)

« Le dimanche 18, j'allai au cimetière, et j'arrachai « de la terre glacée un assez grand nombre de pierres « que j'amoncelai sur la fosse. Je plaçai au milieu une « branche sèche que je chargeai de mes deux cou- « ronnes. Ainsi le premier monument qu'il a eu a été « élevé par mes mains[1]. »

Et depuis, pendant les dix années qu'il habita avec son père la rue de la Roquette, quelle que fût sa vie soucieuse et lourde de labeurs, il ne manqua jamais « de monter là-haut une ou deux fois par semaine ». Dans la saison d'été, où les fleurs ont besoin de beaucoup d'eau, il y montait presque tous les soirs ; il y allait lire, écrire, songer. Il emportait toujours avec lui quelques-uns des livres qu'ils avaient lus, aimés ensemble : Virgile, la Bible ; parfois, quand il avait trop de deuil dans le cœur, quelque chose de plus tendre, qui fît couler ses larmes, allégeât sa douleur ; il lisait à haute voix près de la tombe, « comme s'*il* eût entendu[2]. »

Et lui, il est resté seul là-bas deux longues années ; il n'y a eu pour lui ni larmes ni prières. Il avait pour-

[1] Cette page et tout ce qui va suivre est tiré de ses papiers intimes qu'il m'a donnés.

[2] En 1838, vingt ans après, apprenant qu'on faisait son exhumation, il demanda à la famille et obtint d'elle qu'il en partagerait les frais.

tant espéré mieux. « Je suppose, écrit-il dans une soi-
« rée solitaire, où il se promène bien doucement avec
« la fièvre, dans son jardin, au fond, tout seul, dans
« un air admirable, chaud, humide, partout des roses,
« je suppose que Dieu, qui est si bon, pour nous dé-
« tacher de cette terre, dont nous ne nous détachons
« guère pendant notre vie, nous accorde quelques an-
« nées de vie errante autour de notre tombe. Les amis
« nous visitent fréquemment, la famille, les enfants!
« Ah! il ne peut leur parler, mais il les voit!... » Un
isolement sauvage a répondu à ce vœu.

En 1839, Dieu le frappa de la grande épreuve; il perdit sa première femme qui, plus heureuse que lui, « put le voir » errer et se consumer de regret autour de son tombeau. Dès qu'il s'en éloigne un moment, pour le bien de ses enfants qu'il élève lui-même, il s'accuse : « Jamais absence si longue... Dans ce mois
« pourtant, il n'est pas un jour où je n'aie pensé et
« prié... Mais il me semblait que le soir il valait
« mieux, même en pensée d'elle, m'occuper de ses en-
« fants... »

Son âme entra si avant dans le deuil et dans la mort, elle en goûta si bien toutes les attractions, qu'il semble n'en pouvoir revenir.

« Je disais dans mes premières (et bien moins amè-
« res) tristesses : *æquum, bonum et justum est dignum*
« *et salutare*... Je n'ai plus la force de le dire. Repre-
« nez-moi donc, puissance inconnue, je n'ai plus de ré-
« signation. » (Juin 1840.)

Depuis cette mort, il vivait seul avec ses souvenirs dans son grand appartement désert. Sa fille était mariée, son fils absent. Il ne lui restait plus que son vieux père.

Un soir, comme il rentrait des Archives, on l'arrête sur le seuil : « Votre père est mort. » « Mort ! » Ce fut le seul mot qu'il prononça d'abord, comme à la mort de sa mère.

Au troisième jour, quand il se réveille de son étourdissement, et que la mémoire lui revient, elle creuse et approfondit la blessure :

« Je ne l'ai pas quitté quarante-huit ans, et je l'ai « quitté hier ; il m'a fallu mettre dans la terre celui « qui m'aima *uniquement*.

« Aujourd'hui, nous voilà à part : lui dans la terre, « où il a déjà reçu la froide pluie de novembre, moi « près du feu, à cette table où j'écris ceci. Dure, amère « opposition !

« Me voilà *vieux d'aujourd'hui*. « C'est moi qui main« tenant, disait Luther dans un jour semblable, c'est « moi qui suis le *vieux* Luther. »

« Vieux, souffreteux, maladif, je reprends la plume, « je reviens à mon travail, je retourne à *mon histoire*, « mon refuge habituel, la Lemnos de ce Philoctète... « Cher antre, douces fontaines qui me fûtes si amères, « recevez votre blessé ! »

C'est près de cette tombe qu'il allait redemander des forces « pour redevenir l'homme d'airain qu'il fut dans le passé ». En juin 1848, après nos malheurs publics, il s'y achemine, espérant y trouver la vie. « J'avais, « dans la matinée, esquissé la mort du Christ. Je sen« tais la mienne aussi. Des ruines et des ruines. Le « cimetière, le quartier de la Roquette, me remirent

« en mémoire tant d'années écoulées... Que de fois j'ai « trouvé, comme aujourd'hui, le Père-Lachaise en- « glouti sous les roses! — La nature, à travers nos « deuils, poursuit sa marche éternelle. — Je revins « triste, mais plus porté au travail. »

La mort pour lui ne s'est jamais lassée. Après son père, ce fut notre enfant. Il est couché aux pieds de son grand-père, il nous attend. — C'est là que mon mari a voulu être, jusqu'au jour où il a trouvé trop cruel de s'éloigner de moi. — Cette tombe n'est pas moins désignée pour notre sépulture.

Le jour où il porta notre enfant, il écrivit : « Je « viens d'y mettre, avec le cher trésor de mon passé, « mon invincible espérance. »

Après notre fils, ce fut sa fille qui, en bien des sens, était lui-même. — J'ai trouvé dans son journal bien des traces de ses regrets de l'avoir donnée. — S'il l'eût sentie plus présente à son foyer solitaire, il ne se fût jamais remarié.

Un matin, la retrouvant morte, ce cri de douleur s'arrache de sa poitrine avec un grand déchirement :

« Quoi ! le corps vénéré de mon père, le corps de « ma fille (ravissante dans le cercueil même) doivent « subir, quoi que je fasse, l'outrage de la pourriture ! « Qu'ai-je fait pour naître si tard et non aux jours « de la beauté antique, où, de son lit au lit funèbre,

« l'objet aimé était posé avec respect sur le bûcher, « était délivré par la flamme, et passait dans la lumière « évanoui dans un rayon !... »

Ne pouvant ramener au foyer sa cendre, il fit sienne sa tombe. Pendant vingt ans, seuls, ensemble, nous l'avons visitée, parée. Il disait, comme pour celle de sa femme : « J'y vais d'autant plus volontiers que je « suis seul à la visiter. » Jamais, en effet, nous n'avons trouvé une fleur, une couronne qui témoignât que l'époux y fût venu, qu'il y eût mené ses enfants.

La tombe de son fils est la seule qu'il n'ait pu refermer, embellir. Il a souffert de la savoir si loin de lui [1]. Il écrivait à un notable de Strasbourg qui avait toujours été paternel pour son fils [2] : « Ce qui m'arrête « pour faire mettre une pierre sur sa tombe, c'est « l'idée d'une sépulture durable. J'aimerais mieux « qu'il fût réuni à sa mère qui le désira avant sa nais- « sance et l'aima tant. Cependant il a eu à Strasbourg « tant de bonnes amitiés, que lui-même, peut-être, « consulté, voudrait rester là. »

Plus tard il dit : « Si vous allez parfois au cimetière, « je vous prie de me faire savoir dans quel état est sa « tombe. » Apprenant qu'elle est soignée, il remercie : « Je suis touché au fond du souvenir que les amis de « mon fils veulent bien lui garder et de l'intérêt pieux « qu'ils portent à sa modeste sépulture. »

[1] Charles Michelet est mort à Strasbourg, où il était employé, en mai 1862.

[2] M. Sabourin de Nanton.

Comment pouvait-on croire que celui qui a toute sa vie visité ses morts, qui a témoigné tant de regrets d'être à cent lieues de la tombe de son fils, voulût, lui, rester à deux cents lieues de son amie, de sa compagne, de celle qu'il appelait sans cesse à ses côtés, dont une absence de quelques instants lui arrachait en prévision de l'avenir ce cri de douleur : « Moi qui ne « puis me passer d'elle un quart d'heure aujourd'hui, « comment ferai-je dans les temps infinis où je ne « l'aurai pas? »

V

SA PENSÉE SUR LES CIMETIÈRES

« J'ai été dix ans le plus assidu visiteur des morts. »

J. MICHELET.

Un cœur si large ne pouvait, si malade qu'il fût de ses propres blessures, s'enfermer dans le culte solitaire des tombeaux de famille.

A chaque instant son âme généreuse s'élève de la douleur individuelle à des regrets plus vastes. Il y a eu en lui autant et plus de pleurs, pour la mort d'une seule nation, que pour la perte de tous les siens.

« Dure destinée de l'historien d'aimer, de perdre tant de choses, de recommencer tous les amours, tous les deuils de l'humanité... Moi qui ai des excuses pour tant de choses, des regrets pour tant d'âges divers, moi pour qui toute vie passée est précieuse, et qui sens de ma famille et de mon sang toute l'humanité, je marche à travers l'histoire, portant cette grande urne comme l'acteur grec qui, jouant Électre, portait l'urne de son fils[1]... »

[1] Papiers intimes. *Amertumes*.

Le cimetière, qui pour un si grand nombre n'est qu'un lieu funèbre qu'il est bon de fuir, l'attirait et le retenait. Il le considérait « comme l'asile intermédiaire entre la vie et la résurrection ».

Il ne veut pas qu'on en éloigne les enfants ; il y menait souvent les siens, leur enseignait, par les fleurs qui couvrent les tombes, que la mort est sœur de la vie, et que les plus belles fleurissent sur les tombes les plus aimées.

Dans ses voyages, il ne manquait jamais d'aller visiter les cimetières, d'en relever les inscriptions.

En Écosse, au vieux cimetière d'Hooly Rood, il écarte les vieilles mousses, espérant, par un mot respecté de la rouille du temps, ressaisir l'âme du passé.

En Suisse, à Lucerne, dans son beau *campo santo* qui s'étage et domine un paysage d'infinie grandeur, son cœur se trouble à la révélation des peurs cruelles exprimées par une jeune âme qui s'en va : — « Je « restai longtemps devant cette épitaphe, sans pou- « voir m'arracher : « Je suis un enfant de deux ans... « Quelle chose terrible est-ce donc pour un enfant si « petit, de s'en aller au jugement et de comparaître « déjà devant la face de Dieu ! » « Je fondis en larmes, « j'avais entrevu l'abîme du désespoir maternel. »

Dans ce même cimetière, comme, du reste, dans tous les cimetières catholiques de la Suisse, nous avons trouvé ensemble, depuis, une chose plus douce. Chaque tombe, sous la croix qu'on a mise au sommet, se ménage, suivant l'usage antique, un bénitier. Il est là, pour que celui qui passe, jette l'eau bénite et rassure dessous la pauvre âme captive.

C'est l'oiseau qui le plus souvent est ce bon messager. Le jour, il vient boire l'eau bénite confondue avec l'eau du ciel; le soir, avant de s'endormir, il se pose sur la croix et chante la lumière.

Aux vallées les plus hautes, les plus déshéritées des petits cantons suisses, vous êtes toujours sûr de rencontrer dans le cimetière, aux dernières lueurs du jour qui s'éteint, un rouge-gorge solitaire.

D'un vol silencieux, il se glisse d'une tombe à l'autre, et file, à voix basse, un petit chant voilé, comme pour bercer doucement le sommeil de chaque mort.

Cela avait si fort touché mon mari, qu'il s'en allait de préférence, le soir, du côté du cimetière. « Il est « bon à mon âge, me disait-il, de se nourrir des graves « pensées qu'éveille un tel lieu ; mais il est bon aussi « qu'il s'y mêle un petit chant d'espoir. »

Volontiers, il jugeait les habitants d'un pays par le lieu qu'ils avaient choisi pour leur cimetière. Ceux qui étaient sans rapports avec le monde des vivants le blessaient. Il les voulait, non pas au centre des villes, vulgarisés et sans action ; non pas lointains et dès lors peu visités, « mais dans les faubourgs, aux ave- « nues, comme à Rome, avec des arbres, des fontaines, « un drainage souterrain pour empêcher les infiltra- « tions. » Comme exposition il aimait les cimetières qui regardent le couchant et ménagent, à l'heure où tout s'attriste, de rassurantes lueurs. Lorsque, par un retour sur lui-même, il désignait le cimetière qui lui conviendrait, après le Père-Lachaise, il nommait toujours le cimetière de Clarens, au bord du lac de Genève. Il exprimait la raison de ce choix par ce mot expressif : « Il n'y fait jamais nuit. »

Mais son inébranlable prédilection fut toujours pour le Père-Lachaise : « Si je me décide, tôt ou tard, à « résumer les souvenirs de mon existence *individuelle,* « de l'époque de ma vie où je ne vivais pas encore de « la vie *générale,* je prendrai pour centre, pour texte, pour théâtre, le Père-Lachaise. Toute cette période « de ma vie, 1815-1825 (depuis la mort de ma mère « jusqu'à mon mariage, jusqu'à mes études sur Vico, « jusqu'au discours sur l'unité de la science), toute « cette période, dis-je, a roulé dans un rayon étroit, « entre le Marais, le Jardin-des-Plantes, Bicêtre, « Vincennes, le *Père-Lachaise.* Là mes amours, mes « promenades avec mes amis, mes pertes, mes re- « grets [1]..... »

La dernière page qu'il ait écrite sur les cimetières date de 1869. Bien près de la fin, elle confirme l'attachement de toute une vie, elle réfute vigoureusement ce qu'on a prétendu de son indifférence sur le lieu de sa sépulture.

[1] Papiers intimes. *Le Père-Lachaise.*

« Ce qui a gagné surtout dans ce demi-siècle, c'est le culte des morts. A son commencement on n'y faisait nul sacrifice, nulle dépense, et, s'il faut le dire, les tombes étaient peu visitées. Elles le sont peu encore dans les campagnes du Midi. — Le peuple de Paris, que les provinciaux croient à tort sec, égoïste, est de tous ceux que j'ai connus celui qui fait le plus pour ses morts. La foule au 2 novembre est énorme. Chaque famille, il est vrai, y va seule. Dès qu'on aura l'idée d'y aller en ordre, d'ensemble, à certaines heures, et d'y communier ainsi dans le regret, ce sera une fête réelle au sens antique, d'excellente influence sur les générations nouvelles, et puissamment éducative. » « *A visiter ses morts, on trouve des impressions graves et douces et aussi très-fécondes.* — Le cimetière est un organe essentiel de la cité, une puissance de moralité. Une ville sans cimetière est une ville barbare, aride, sauvage. *Que de saintes et bonnes pensées, quelle poésie du cœur vous ôtez aux vivants, en leur ôtant leurs morts!* Il est des états douloureux, intermédiaires, où, pour ainsi parler, on a un pied au temple et un pied hors du temple, où l'on flotte, où l'on rêve. Pour cela, l'ancien temple s'entourait de portiques où l'on errait, songeait. Ce vestibule du temple est aujourd'hui pour nous le cimetière. Celui de l'Est surtout a cet effet puissant. Des tombes on aperçoit le volcan de la vie. »

(NOS FILS.)

VI

DERNIÈRES PAROLES

Elles sont, en un sens, le vrai testament dont il faut tenir bien compte.

Si je donnais celles que mon cœur seul a entendues dans l'échange quotidien de nos pensées, on en douterait peut-être, on me demanderait des preuves, et la bouche qui les a prononcées est à jamais muette.

Je ne donnerai donc que les paroles écrites. Celles-ci ne se sont pas envolées avec l'âme du mort ; elles restent et témoignent de trois choses : des préoccupations douloureuses qui troublèrent mon mari dans les derniers mois de sa vie, de son attachement profond pour notre foyer de la rue d'Assas, et du désir non moins profond qu'il eut de ne pas en être éloigné au moment de sa mort.

A la fin de l'année 1872, celle où il récrivit deux fois son testament, mon mari eut une fluxion de poitrine qui fut suivie d'une paralysie de la main droite. Lorsqu'un peu de vie lui revint et qu'il put tenir la plume, quelle fut sa première pensée? D'acquiescer à la mort dont il s'était senti touché :

« Bon espoir y gît en plusieurs sens, Dieu et nature.
« Il faut seulement supprimer le mot de la mort... car
« on ne sait pas ce que c'est, et le nom effraye. »

A partir de cette date, nous étions en novembre, ses notes, son journal, son histoire même, témoignent que la mort lui fut toujours présente et qu'il l'accepta comme le juste, sans trouble. En regardant sa belle figure toujours calme et sereine même aux heures du péril, on se rappelait ce mot de Bossuet pour une âme moins résignée : « Madame fut douce envers la mort. »

La fin de sa grande et magistrale préface des *Justices de l'histoire*, écrite sous les voiles de l'hiver, semble déjà un dialogue commencé entre son âme et Dieu.

Il lui offre son œuvre qui s'achève, en ce qu'elle peut avoir d'agréable à ses yeux, et lui mériter sa durée, « l'effort persévérant qu'il a fait pour être *juste* surtout envers ceux qui méritaient un souvenir reconnaissant, et qui n'ont bien souvent que l'oubli en partage ».

En ce qui le regarde, il a toute confiance : « Si mon « œuvre devait finir ici, je ne me plaindrais pas. Je « vois qu'en toutes choses, le progrès est l'allure cons- « tante de cette puissance de la vie qui va toujours de « bien en mieux, et je garde l'espoir, comme un cou- « rageux ouvrier, que de mes travaux imparfaits j'irai « à un travail meilleur. »

Mais, s'il est sûr de la part de Dieu, combien il doute de la part qui lui sera faite ici-bas !

Qui ne le sentira dans les lignes que j'extrais de cette même préface? Ne semble-t-il pas avoir prédit l'avenir et prophétisé sa propre destinée?

« Ne comptez pas sur le petit cercle dont vivant « vous fûtes entouré. »

« Je mourrai seul, » dit Pascal.

« C'est le sort commun de l'humanité.

« Mais est-il bon qu'on se souvienne? — Oui. « Chaque âme, parmi des choses vulgaires, en a telle « spéciale, individuelle, qui ne revient point la même, « et qu'il faudrait noter quand cette âme passe et s'en « va au monde inconnu.

« Si l'on constituait un gardien des tombeaux? « comme un tuteur et protecteur des morts?

« J'ai parlé ailleurs de l'office qu'occupa Camoëns « sur le rivage meurtrier de l'Inde : *Administrateur du « bien des décédés*.

« Oui, chaque mort laisse un petit bien, sa mé- « moire, et demande qu'on la soigne. Pour celui qui « n'a pas d'amis, il faut que le magistrat y supplée. « Car la loi, la justice est plus sûre que toutes nos « tendresses oublieuses, nos larmes si vite séchées.

« Les morts sont, pour dire comme le Droit romain, « ces *miserabiles personæ* dont le magistrat doit se « préoccuper.

« Jamais dans ma carrière je n'ai perdu de vue ce « devoir de l'historien. J'ai donné à beaucoup de morts, « trop oubliés, l'assistance dont moi-même j'aurai « besoin. » (1er mars 1873.)

Le lendemain du jour où il signait cette préface, qui est celle de son second volume du *XIXe Siècle* encore inédit, il semble qu'il ait douté plus fortement de pouvoir vivre et continuer.

Je trouve dans son journal ce triste souci :

2 mars 1873. « Dire un mot à mon beau-frère Hippolyte sur sa sœur (veuve bientôt?). »

Et plus bas cette ligne pleine de mélancolie « Je regrette le regret même. »

Le 6, j'étais forcée, malgré moi, de le laisser seul une journée presque entière pour aller rechercher l'état civil de sa fille qu'il fallait faire exhumer.

Dans sa solitude attristée, il se demande avec angoisse ce qu'il fera dans la longue attente d'une autre réunion. Il écrit cette ligne que j'ai donnée plus haut, « Moi qui ne puis me passer d'elle un quart d'heure « aujourd'hui, que ferai-je dans les temps infinis où « je ne l'aurai pas ? »

Le 23, qui était un dimanche, la pluie nous empêchant de sortir, il me parla de cet avenir prochain ; il tira de sa bibliothèque sept petits volumes en vieille reliure d'autrefois et fort usés. Il les garda quelques instants dans ses mains, comme on y retient des reliques ; puis il me les donna en me disant : « Conserve « après moi ce livre où lisait ma mère et où j'ai pris « moi-même le goût de l'histoire. » (C'étaient les Reines et régentes de France.)

Il y avait encore d'autres livres auxquels il tenait comme à des amis de son enfance ou même de toute sa vie et qu'il ne voulait pas voir disperser. Il y avait le vieux livre d'Heures de sa mère où il trouva de lui-même, enfant, les prières des morts qu'il lut à son chevet.

A côté, était la vieille Bible, qu'il emportait au Père-Lachaise pour en lire les épisodes mélancoliques sur la tombe de son premier ami.

Puis aussi, l'*Imitation* qu'il aima dans ses heures défaillantes, et son Virgile qui ne le quitta jamais.

Les auteurs grecs venaient ensuite. Il avait pris d'eux, non-seulement l'élan vers la lumière et l'action, mais encore la forte séve, le goût des vertus antiques qu'il a toujours si naturellement pratiquées.

J'ai fait racheter, à la vente de ses livres, toutes ces reliques. Si ma petite bibliothèque d'histoire naturelle a été dispersée, que m'importe aujourd'hui d'avoir perdu ce qui était mien, si j'ai tout ce qui fut lui : ce qui a créé son âme et ce qu'elle a donné?

Notre foyer aussi le préoccupait. Il y tenait fort ; il y avait pris racines par vingt années d'habitude, presque toute la durée de notre mariage.

Nous y étions entrés pauvres, nous y avions vu venir par le travail un peu d'aisance. Les moindres objets nous rappelaient une date, un souvenir. L'âme s'était prise à tout, elle n'eût voulu rien quitter.

En 1858, son attachement à ce foyer naissant est déjà si fort, qu'il le consacre dans un chapitre plein de deuil[1] :

« Ma maison qui fut leur maison rappellera nos
« amis éperdus qui ne sentent pas mon âme errer sur
« eux. Dans leurs incertitudes et leurs fluctuations
« souffrantes, ils voudront revoir mon foyer, s'y ré-
« chauffer. »

[1] *L'amour au-delà de la mort.*

Seize ans plus tard, à cette même date du 23 mars, il lui échappe une prédiction sombre. Il voit ce foyer si cher, périr avec lui : « Je soutiens leur maison, ils « vont disperser la mienne. »

Et sur un autre feuillet qu'on a trouvé sous l'enveloppe de son testament, ce cri navrant qu'il n'a pu retenir :

« Ma maison, que deviendra-t-elle?... Pitié de ma « maison, de mes meubles, de mes gravures, des ta- « bleaux avec qui j'ai vécu :

« Mélancolia 1825.

« Michel-Ange 1830.

« Les trois professeurs, Paul Huet, Belloc, Lortet. »

Il n'a pas jeté en vain ce cri, cet appel à la « pitié ! »

J'ai tout racheté ; son foyer qu'il appelait sa maison, je l'ai gardé. Tel il avait fait son appartement et tel il restera jusqu'à ma mort. Ses gravures, ses tableaux, ses plantes favorites sont à la même place.

J'ai fait revenir nos oiseaux que j'avais donnés. Ils gazouillent dans sa salle à manger « d'un effet si doux, » où le soir, dans la douce chaleur du poêle, il aimait « à rouler ses pensées ». Tout semble comme autrefois l'attendre ; jamais ce foyer ne fut plus à lui !...

Que de pages je pourrais encore citer ! Je n'en donnerai qu'une, tirée des belles, fortes et fécondes pensées qu'il a écrites sur la mort :

« Paris a été tout pour moi. J'y suis né, j'y ai vécu, « j'y ferai ce long séjour bien autrement long que la

« vie. Mes émotions, toutes mes traditions s'y ratta-
« chent, — mon avenir.

« Tous les souvenirs solennels de ma vie ont eu
« pour témoin tel ou tel lieu de cette grande ville.

« Mon enfance s'est passée dans le centre humide et
« sombre, ma jeunesse dans ses faubourgs. Pendant
« dix ans, j'ai erré, rêvé sur les routes du Père-
« Lachaise.

« Je suis né à Paris, j'y ai vécu, j'y *serai enterré s'il*
« *plaît à Dieu*[1]. »

« *S'il plaît à Dieu.* » Il se sent en bonnes mains, aux mains de la Providence; il lui remet tout : ce qui est périssable, et doit rester à cette terre; ce qui est immortel, et remonte à sa source :

« Que Dieu reçoive mon âme reconnaissante de tant d'années laborieuses, de tant d'œuvres, de tant d'amitiés ! »

J. MICHELET.

[1] Papiers intimes. *Paris.*

TABLE DES MATIÈRES.

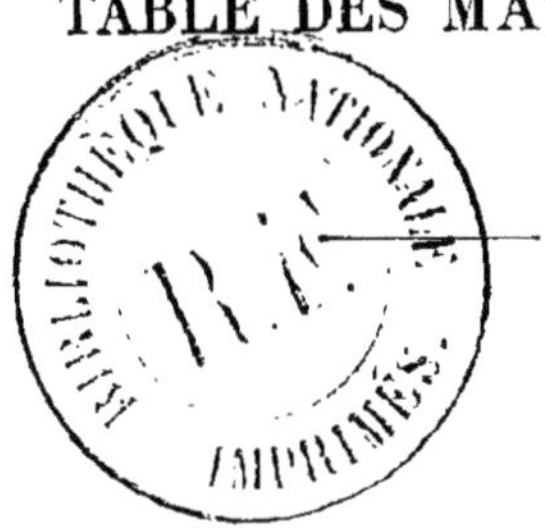

Paris. — Typographie Georges Chamerot, rue des Saints-Pères, 19.

CHEZ LES MÊMES ÉDITEURS

JULES MICHELET

PAR

GABRIEL MONOD

AVEC UN PORTRAIT A L'EAU-FORTE PAR BOILVIN

UN SONNET PAR G. LAFENESTRE

ET UN FAC-SIMILE

Un volume in-16, double couronne, papier teinté. — Prix: 3 fr.

Paris. — Typ. G. Chamerot, rue des Saints-Pères, 19.

www.ingramcontent.com/pod-product-compliance
Ingram Content Group UK Ltd.
Pitfield, Milton Keynes, MK11 3LW, UK
UKHW021109260726
13994UKWH00002B/806

9 782329 130613